"80后""90后"
创业课

写给"80后""90后"的

创业策划书

ENTREPRENEURSHIP

梁辉财　王俊光 / 著

经济管理出版社
ECONOMY & MANAGEMENT PUBLISHING HOUSE

图书在版编目（CIP）数据

"80后""90后"创业课——写给"80后""90后"的创业策划书/梁辉财，王俊光
著 . —北京：经济管理出版社，2018.3
ISBN 978-7-5096-5670-9

Ⅰ.①80… Ⅱ.①梁…②王… Ⅲ.①创业 Ⅳ.①F241.4

中国版本图书馆 CIP 数据核字（2018）第 034016 号

组稿编辑：张　艳
责任编辑：王格格
责任印制：黄章平
责任校对：董杉珊

出版发行：经济管理出版社
　　　　　（北京市海淀区北蜂窝 8 号中雅大厦 A 座 11 层　100038）
网　　址：www.E-mp.com.cn
电　　话：（010）51915602
印　　刷：三河市延风印装有限公司
经　　销：新华书店
开　　本：720mm×1000mm/16
印　　张：12.5
字　　数：165 千字
版　　次：2018 年 4 月第 1 版　2018 年 4 月第 1 次印刷
书　　号：ISBN 978-7-5096-5670-9
定　　价：39.80 元

推荐序一

一本从问题出发的创业秘籍

创新创业，是这个时代的重要主题。而"80后""90后"的朋友，更是创业浪潮中的主力军。他们有冲劲、有干劲，但同时经验不足，期盼获得创业道路上的指路明灯。

梁辉财先生的新作品《"80后""90后"创业课》，对于"80后""90后"的朋友，可能就是一本创业秘籍。其中没有华丽的辞藻、时尚的名词和冠冕堂皇的修饰，也没有就模糊问题的泛泛而谈、侃侃而论。辉财是从如何寻找商机、如何进行产品策划、如何去经营产生利润等青创方面的具体问题出发，逐一深入分析，给出解决方案。读起来，给我的感觉是既接地气，又颇有启发。

我认识辉财已经有很长时间了。他本身就是一个自己创业、成就事业的有为青年，做人做事都非常有激情。而且他一直以来都很乐意与年轻人分享创业经验。辉财这次能够将他这么多年的创业经验浓缩成书、分享出来，我觉得对于有志创业的青年朋友来说，必定是受益匪浅、获益良多。

为此，我向大家极力推荐这本《"80后""90后"创业课》！

——粤澳工商联会会长、澳门立法会议员、澳区全国人大代表　施家伦

推荐序二

我认识 Terry 是在我的一个弟子曾少彬的引荐下，他多次向我推荐澳门的梁老师（也就是 Terry）。我挺好奇地问少彬，为什么你推荐梁老师？

他说：因为梁老师非常谦虚好学，而且自己创业也做出了非常棒的成绩，买了好几台车，又有钱又好学，为人也很爽快真诚！

而后我就这样认识了梁辉财老师，我记得上次我去澳门出差，没有找他，他还怪我。但当时确实逗留时间太短，所以我才没有告诉他。但下次去的时候，我肯定会抽时间出来，跟梁老师"好好谈谈"！

由于移动互联网的发达，所以平时我们经常通过微信沟通。其实梁老师最开始并没有给我留下太深的印象，直到后来，有几件小事让我对他有了真实的了解：

（1）那一次是我在广州举办的一个线下的营销课，在课程里我教授了关于人性的诸多秘诀，梁老师也赏脸过来现场学习。在现场，当时我在想：梁 Sir 事业已经非常成功，会不会没法静下心来学习？

后来事实出乎我所料，梁老师非常用心地参与了整个学习，而且在跟同学们玩耍的时候，他笑得像个孩子一样，唾沫星子都喷到了我脸上……

于是我发现，嗯，这个梁 Sir 非常不错！这么成功，还照样谦虚好学，采集各家之长，让人佩服！

（2）因为我也有他的朋友圈，所以平时会看到他发的信息，在我的印象中，我以为澳门人都比较"安居乐业"，不太擅长创业。但是通过他的朋友圈，让我看到：原来他在澳门创业领域玩得"风生水起"，甚至有时我都会被他发圈的素材所惊讶，原来梁老师竟然做了这么多事情。

他还帮助了许多澳门的学生，我在澳门的朋友也告诉我：Terry 在澳门圈内小有名气，学生也非常多，最关键的是，他总是能帮助许多学生拿到他们想要的"结果"。

（3）澳门最近遭遇了一次台风，如果你在澳门你就知道，相当的惨烈。

我后来才知道，澳门受灾期间，澳门同胞非常团结，互相帮助！其中就有梁老师的优秀表现，他牺牲了自己的利益，去帮助了许多同胞。不仅如此，他还发动了各方面的力量，做出了卓越的贡献。

其实还有挺多小故事，让我有缘分认识了梁老师，我也非常荣幸梁老师也是我们微远商学院的澳门校长，也是我优秀的弟子。我非常珍惜和感恩这份缘分！因为这让我认识了一位值得深入交往的朋友——Terry！

我同样相信，当你真正认识梁老师后，当你真正走进梁老师的世界，你也会为之赞叹，并且会让你收获满满！所以我忍不住要向你强烈推荐梁辉财老师，并且我衷心的祝愿你们会有一份充满价值的"关系"！

——微远商学院创始人 王双雄

推荐序三

　　不管要做任何事情，您只要愿意相信，并鼓起勇气，那您就成功一半了，剩下的就是行动力了！只要所有事亲力亲为，相信自己有无限的可能，就可以借着自己的知识和经验转变为"黄金"，鼓起勇气努力实践，本书必定会带领读者，迈向成功之路。

——资深大律师 麦兴业

前　言

创业，是一个充满了光辉与梦想的词汇。"80后"，已经经验丰富、久经沙场；"90后"，正蓄势待发、跃跃欲试。不管是小投资还是大融资，创业，似乎都意味着人生中的另一个起点。在这个起点上是否能和别人拉开距离，要看每个人的行动力和思考力。创业虽然没有捷径，却有直线和曲线的分别。怎样才能不浪费自己的青春、金钱和精力，是创业者最关注的问题。

谁都知道，这个过程不只有拼搏、收获、喜悦，还有思考、执行和改变。想要创业的人，必然是充满激情的，所以书中没有用美好的语言过多描述光明的前景；创业是一项高风险的活动，想必每个想创业的人也有面对挫折的勇气和毅力，所以书中亦没有过多鼓励的话语，只是对创业中可能遇到的问题加以分析，然后分门别类作出详细的分析，标明注意事项和具体的操作方式。希望想要创业的朋友能从中学到解决问题的方法和思考问题的方向。

本书从撰写创业策划书、寻找商机、产品策划、目标市场定位、商业模式、团队组建、发展战略、危机管理这八个方面手把手地引领创业者，为创业保驾护航。

选择项目即发现商机，是创业的第一步。发现商机的方式、如何选择适合自己的创业项目、社会环境、消费需求和商品更新换代对发现商机的影响，都是需要创业者考虑的问题。

产品是创业的核心，没有被市场接纳的产品，再好的外部条件都无法施展。根据市场确定产品特性、形成品牌的展望、如何将产品和企业价值融合为一，是策划产品时需要思考的。

商业模式就是赚钱的模式。企业好比一架机器，以什么样的方式转动，就能产生什么样的效益。好比跑车能在道路上飞驰，驾驶员还很轻松；而自行车只能缓缓前进，驾车人还感觉非常疲累。商业模式需要随着企业的不断发展壮大作出改进。研究商业模式的最终的目的，是让企业能够高效运转，让创业者能够轻松掌控。

团队建设涉及对人的管理。只有让每个人都找准位置，充分发挥个人的优势，并且让大家互相协调，这样的人组成的集合才能被称为团队，才能发挥出"1+1>2"的力量。这里就不得不提到科学而富于人性化的管理方法。

创业取得初步成效后，只有寻求长远发展之路，才算是真正的成功。发展战略策划可以说是企业的河渠，能让企业不迷失方向，向着目标一直奔流。

最后，商场如战场，在从商的过程中，创业者会遇到人为的骗局或者突发性的危机。第八课介绍了各种危机的防范方式和应对策略，包括合同危机、泄密危机、资金危机、人事危机等，这本书初步而详尽地介绍了创业中实际会面对的各种问题。知识是最好的武装，希望创业者能够从中获得启迪，翻开人生的新篇章。

目　　录

第一课　写好创业策划书

一、策划书应突出要点

创业策划是创业者叩响投资者大门的"敲门砖"，更是创业者实现创业成功的保证。

那么，究竟什么是创业策划书呢？所谓创业策划书就是创业者计划创立业务的书面摘要，主要是对企业内外部环境条件和要素特点的详细描述，为业务的发展提供指示图，更是衡量业务进展情况的标准。

每一位创业者或者准备创业者在创业之初都会对欲创建企业的发展方向和经营思路有一个粗略的设想，如果把这一设想编写成规范的创业计划，则会发现自己要从事的事业并非如设想的那样容易，如资金不足或市场增长率等，有些甚至还会主动放弃创业的念头。

创业策划书能够让创业者严格、客观、全面地从整体角度观察自己的创业思路，明确经营理念，以免因企业破产或失败而导致巨大损失。另外，在编写创业策划书的过程中，如果发现经营机会并不像自己期望的那样，创业者就可以根据实际情况采用不同的策略使创业活动更加可行。从这个意义上来说，创业计划的编写过程就是创业者进一步明确自己的创业思路和经营理念的过程，也是创业者从直观感受向理性运作过渡的过程。

那么，一份完整的创业策划书包括哪些应该突出的要点呢？笔者认为，至少要包括市场分析、产品定位、盈利模式、管理机制、营销策略、资金规划和风险评估七个方面。这里，我们就来具体说明，供读者借鉴。

1. 市场分析

市场分析是发现商机的一大前提，也就是说，在创业前，创业者必须对市场状况有个充分的了解。

首先，要知道目标市场是否有容量，即使有，具体有多大？不仅要找到未被有效满足的市场需求，还要用自己的产品或服务来满足这种需求。

其次，要知道打算进入的市场是否有准入限制，自己能否越过限制？

最后，要了解同在这一市场区域内的竞争对手的具体情况，比如：谁是主要竞争对手？他们的产品如何？你能超越对手的优势是什么？自己是否具备竞争优势，能否进入这一市场？在这一竞争局势中，是否有挤进去的空隙？进入这一目标市场后，产品和服务是否有利润空间？

上面的这些，都是在做市场分析时，需要注意和了解的。

2. 管理机制

明确了产品定位和盈利模式，必须设定与之相对应的管理机制来保证经营的成功，同时保证经营特色，继而在经营中不断优化特色。管理机制的明确，主要包括管理结构和管理方式。其中，管理结构就是管理层的职务和人员构成，指如何进行分工、分组和协调合作，体现了企业各部分的排列顺序、空间位置、聚散状态、联系方式和各要素之间的关系。而管理方式指的是决策、授权和管理办法的确定。比如：是授权总经理进行管理，还是老板自己兼容总经理；是设立几位副总经理，还是直接设立部门经理；授予总经理什么权力，部门经理如何分工？同时，还要设定合理的经营管理监控机制，有效避归差错……总之，在创业策划书中，必须明确清晰有效的管理方法。

3. 产品定位

做好市场分析后，要做好满足市场要求的产品定位，包括：生产什么产品、提供什么服务。创业之前，不仅要考虑自己的产品处于什么发展阶段，是起步阶段，还是成熟阶段，或者衰退阶段？还要考虑产品面对的是老年人，还是年轻人，抑或是儿童？此外，还要设计一个好的产品名称、突出产品特色，提高产品质量，设计好产品包装……总之，必须让自己的产品尽可能地满足客户的需要。

4. 盈利模式

创业的目的，首先是赚钱，因此一定要设计好适合自己的盈利模式。也就是说，通过哪些独特的商业模式来创造利润？创业者必须思考这样几个问题：用什么经营方式来生产？如何让产品和服务在满足客户需要的同时带来利润？企业具备哪些经营优势？使用哪些方法能让客户购买你的产品、接受你的服务，而不是购买或接受竞争对手的？……所有这些关于盈利模式的问题，都是需要在策划书中交代清楚的。

5. 营销策略

为了应对激烈的竞争市场，就要采取真实有效的行销策略，内容主要包括：营销方式、根本特色、营销计划、营销目的等。比如：整个营销过程，一共分为几个阶段？需要借助什么手段进行营销，需要利用哪几种传统媒体，怎样利用互联网等新媒体进行营销等？此外，还要考虑营销投入、营销效果的监测等。

6. 资金规划

在创业策划书中，一定要写清楚资金规划，如此不仅能让创业者对资金的投入、使用做到心中有数，还能让投资者感到满意。资金的规划主要包括：

个人投资与他人投资、出资金额的比例、贷款和自筹资金的比例等；更要重视整个创业计划的资金总额分配比例、资金在企业活动各环节中的分配比例等，如采购设备要花多少钱、广告营销要花多少钱、原材料采购该花多少钱、工资该花多少钱、办公费用是多少、公关费用多少钱、备用金该留多少钱等，只有明确清晰的资金规划，创业才能走上健康发展的道路。

7. 风险评估

创业策划案的内容必须包括风险评估，明确规避风险的方法。在策划书中要明确：预估收入与预估支出，预估企业成立一段时间后的收入与支出明细表，预算出收支平衡状况及利润。风险评估包括：企业可能遭受意外挫折的可能风险评估、市场状况变化风险评估、资金链方面的风险评估、管理方面的风险评估等。

比如，在财务风险方面，要考虑负债的风险性，使用借入资金获得的利润。除了补偿利息外，还要有剩余，保证有利润；如果企业借入资金还完本付息后，没有利润，就会陷入财务风险。必须保证合理的资金结构，维持适当的负债水平，充分利用举债经营手段获取财务收益，提高自身的盈利能力。

下面是某咖啡馆的创业策划书。

某咖啡馆创业策划书范文

一、企业概况

1. 主要经营范围：

咖啡类：蓝山、拿铁、摩卡、卡布奇诺、意大利、哥伦比亚、巴西等（咖啡类为本店特色，均为现磨现煮）。

酒类：红酒、葡萄酒、鸡尾酒、白酒、香槟、桂花酒、白兰地、啤酒等。

奶茶：各种口味奶茶，如草莓、青苹果、巧克力、杜果等。

下午茶：绿茶、红花茶、人参乌龙茶、花草茶等。

甜点：各式精致甜点，如慕斯、饼干、蛋糕等，以及多种口味的沙冰和冰激凌。

2. 企业类型：

服务。

二、创业者个人情况

主要包括：创业动机、个人品质、特长与能力、资金、团队、以往的工作及学习经历等。

三、市场评估

1. 目标顾客描述：写字楼白领，商务楼商业人士。

2. 市场容量或本企业预计市场占有率：1%。

3. 竞争对手的主要优势：产品数量较多，发展历史久，资金充裕，被众多客人认可。

4. 竞争对手的主要劣势：产品模式固定，不灵活。

5. 本企业相对于竞争对手的主要优势：发展初期采用最适合自己的经营模式。

6. 本企业相对于竞争对手的主要劣势：资金少，不被客人认可。

四、市场销售计划

1. 产品：同"企业概况"中的"1. 主要经营范围"。

2. 价格：

（1）早餐

麦芬（巧克力、蓝莓、香草、蔓越莓）6~8元。

燕麦类面包4~8元。

（2）午餐

蔬菜派9元。

法式三明治（吞拿鱼、熏鸡）16 元。

三明治（吞拿鱼、土豆、恺撒）10~15 元。

色拉（土豆、吞拿鱼、恺撒）15~20 元。

餐盒（叉烧、黑椒牛肉）20 元。

（3）下午茶

芝士条、面包棒 5 元。

小饼干 5~8 元。

提拉米苏 8 元。

水果杯 5 元。

维也纳黑森林蛋糕 9 元。

芝士蛋糕 9 元。

蓝莓芝士蛋糕 10 元。

3. 促销方式：

（1）会员卡制度：卡上印制会员名字，会员卡的优惠率为 9.5 折。

（2）个性化服务：在桌上放一些宣传品，内容是关于咖啡的知识、故事等，提升品位，烘托气氛。

4. 地点：

（1）选址细节：门店点位商圈分析、客源潜力分析、门店租赁分析等。

（2）选择该地址的主要原因：地点、面积、租金等。

（3）销售方式：最终消费者。

五、企业组织结构

企业将登记成：合伙企业。

拟议的企业名称：咖姿屋、萨米拉、恋色梦幻、本色咖啡、春之物语等。

企业的员工：经理、咖啡师、面点师。

企业将获得的营业执照、许可证：《个体工商户营业执照》、《健康证》、

《卫生许可证》、《税务登记证》等。

企业的法律责任（保险、员工的薪酬等、纳税）：员工保险、员工薪酬、依法纳税等。

六、固定资产

1. 后台设备：咖啡机、磨粉机、烤箱、扒炉、炉灶、水池、煮面炉、消毒柜、冰箱、水处理设备、音响、空调、收银系统等。

2. 家具：吧台、沙发、桌椅等。

七、其他经营费用（不包括折旧费和贷款）

租金及押金、装修费、水电费、员工工资，物业等杂费。

二、策划书的具体内容

创业策划书的具体内容，主要包括：

1. 计划摘要

计划摘要通常都列在创业策划书的最前面，浓缩了创业策划书的精华。

为了让读者一目了然，方便读者在最短的时间内评审计划并做出判断，计划摘要通常涵盖了计划的要点，计划摘要一般要包括这样几项内容：公司介绍、主要产品和业务范围、市场概貌、营销策略、销售计划、生产管理计划、管理者及其组织、财务计划、资金需求状况等。

介绍企业时，首先，要说明创办新企业的思路、新思想的形成过程、企业的目标和发展战略。

其次，要交代清楚企业的现状、过去和经营范围。在这部分中，要对企业的以往情况做客观评述，不能回避失误。中肯的分析更能赢得信任，更容易让人认同创业策划书。

最后,介绍一下创业者的背景、经历、经验和特长等。创业者的素质对企业的成败起着关键作用。在这里,创业者要尽量突出自己的优点和强烈的进取精神,给投资者留下一个好印象。

当然,在计划摘要中,还要回答下列问题:企业所处的行业、企业经营的性质和范围;企业主要产品的内容、企业的市场在哪里;谁是企业的顾客、他们有哪些需求;企业的合伙人、投资者是谁;企业的竞争对手是谁,竞争对手对企业的发展有何影响?

摘要要尽量简明、生动,最好不要长篇大论,尤其要详细说明企业的不同之处和企业获取成功的市场因素。

2. 产品(服务)介绍

进行投资项目评估时,风险投资者最关心的问题之一就是,企业的产品、技术或服务能否及在多大程度上解决现实生活中的问题;或者,风险企业的产品(服务)能否帮助顾客节约开支、增加收入。因此,产品介绍是创业策划书中必不可少的一项内容。

通常,产品介绍应包括以下内容:产品的概念、性能及特性,主要产品,产品的市场竞争力,产品的研究和开发过程,发展新产品的计划和成本分析,产品的市场前景预测，产品的品牌和专利等。

在产品（服务）介绍部分，要对产品（服务）作出详细的说明，说明既要准确，还要通俗易懂，能让他人看明白。通常，产品介绍上都要附上产品原型、照片或其他介绍。

产品介绍必须回答以下问题：①顾客希望企业的产品能解决什么问题，顾客能从企业的产品中获得什么好处？②企业的产品比竞争对手的产品有哪些优缺点，顾客为什么会选择你的产品？③企业为自己的产品采取了哪些保护措施，企业拥有哪些专利、许可证，与已申请专利的厂家达成了哪些协议？④为什么产品定价能使企业产生足够的利润，用户为何会大批量地购买你的产品？⑤企业采用何种方法来改进产品质量、性能，企业对发展新产品有哪些计划等。

产品（服务）介绍的内容比较具体，写起来相对容易。虽然为了提高推销效果，可以夸赞自己的产品，但需要注意的是，企业所做的每一项承诺都要积极兑现。不能兑现承诺，无法偿还债务，必然会损害到企业信誉。

3. 人员和组织结构

高素质的管理者和良好的组织结构是创业成功的重要保证，更直接影响着投资者对管理团队的评估。

企业管理层应该是互补型的，更要具备团队精神，要将产品设计与开发、市场营销、生产作业管理、企业理财等方面的人才囊括在内。在创业策划书中，必须阐明主要管理者，如他们具有的能力、在企业中的职务和责任、过去的详细经历和背景。

此外，在这部分内容中还要简单介绍一下公司结构，包括：公司的组织机构图、各部门的功能与责任、各部门的负责人和主要成员、公司的报酬体系；股东名单，包括认股权、比例和特权；董事会成员，以及各董事的背景资料等。

4. 市场预测

企业如果想开发一种新产品或向新的市场扩展，首先就要进行市场预测。如果预测的结果并不乐观，或者预测的可信度令人怀疑，创业者就要承担更大的风险，投资者也不会接受。

具体到市场预测，首先，要对需求进行预测，比如：市场是否存在对这种产品的需求？需求程度能否给企业带来期望的利益？新的市场规模有多大？需求发展的未来趋向及其状态如何？影响需求的都有哪些因素？

其次，还要预测市场竞争的情况，对企业面对的竞争格局进行分析，比如：市场中主要的竞争者有哪些？是否存在有利于本企业产品的市场空档？企业预计的市场占有率是多少？企业进入市场会引起竞争者怎样的反应，这些反应对企业造成什么影响等。

在创业策划书中，市场预测应包括这样几项内容：市场现状综述、竞争厂商概览、目标顾客和目标市场、本企业产品的市场地位、市场区格和特征等。

当然，企业对市场的预测要建立在严密、科学的市场调查基础上。企业面对的市场充满未知数，要尽量扩大收集信息的范围，重视对环境的预测，采用科学的预测手段和方法。一定要记住：市场预测不是凭空想象出来的，对市场的错误认识是企业经营失败的主要原因之一。

5. 营销策略

在企业经营过程中，营销是最富挑战性的环节。影响营销策略的主要因素有：消费者的特点，产品的特性，企业自身的状况，市场环境等方面。最终影响营销策略的则是，营销成本和营销效益因素。

在创业策划书中，营销策略主要包括下面一些内容：营销渠道的选择、营销队伍的建立及管理、促销计划和广告策略等。

（1）营销渠道的选择。具体来说，可以选择三种营销渠道：①密集性分销，也就是让批发商和零售商来为企业推销产品。②选择性分销，也就是从众多愿意经销企业产品的中间商中选择几个最合适的中间商，让他们来帮忙推销。③独家分销，在某个地区选择一家最合适的中间商来营销产品。

（2）营销队伍的建立及管理。首先，要选择合适的人才从事营销工作；其次，对人员进行培训，提高营销技能；再次，制定统一的营销策略，提高营销效果；最后，制定一定的奖惩办法来激励工作人员的积极性。

（3）促销计划和广告策略。初创企业，产品和企业的知名度通常都比较低，无法进入其他企业已经稳定的销售渠道中去。因此，就要暂时采取高成本低效益的营销战略，如上门推销、打商品广告、向批发商和零售商让利、交给任何愿意经销的企业销售。如此，不仅可以利用原来的销售渠道，还能够开发出新的销售渠道。

6. 制造计划

在创业策划书中，生产制造计划应包括这样几项内容：产品制造和技术设备现状，新产品的投产计划，技术提升和设备更新的要求，质量控制和质量改进计划。

在寻求资金的过程中，为了增大企业在投资前的评估价值，要尽量使生产制造计划制作得更详细、更可靠。通常，生产制造计划要回答这样几个问题：企业生产制造需要的厂房、设备情况如何；如何保证新产品进入规模生产时的稳定性和可靠性；设备的引进和安装情况如何，谁是供应商；生产线的设计如何，产品组装怎样；供货者的前置期和资源的需求量；生产周期标准的制定，生产作业计划的编制；物料需求计划和保证措施；质量控制的方法；相关的其他问题。

7. 财务规划

财务规划需要花费较多的精力来做具体分析，主要包括：现金流量表、资产负债表和资产损益表。

（1）现金流量表。流动资金是企业的生命线，企业在初创或扩张时，对流动资金要制订周详的计划，进行严格控制。现金流量表中通常包括这样一些内容：净利润、计提的资产减值准备、固定资产折旧、无形资产摊销、待摊费用减少、预提费用增加、固定资产报废损失、财务费用、投资损失等。

（2）资产负债表。此表反映了企业某一时刻的状况。可以用资产负债表中的数据得到的比率指标，来衡量企业的经营状况和可能的投资回报率。主要填写项目有：总账科目余额、明细账科目余额等。

（3）资产损益表。损益表反映的是企业的盈利状况，是企业在一段时间运作后的经营结果。具体项目分为两部分：利润构成部分，首先列出销售收入；其次减去销售成本，得到销售利润；再次减去各种费用，得到营业利润（或亏损）；最后加减营业外收入和支出，得到利润（亏损）总额。利润分配部分，首先，用利润总额减去应交所得税，得出税后利润；其次，按分配方案提取公积金和应付利润。

下面是某川菜馆的创业策划书：

开餐馆（餐饮创业）策划书

一、餐馆名称：×××××

命名规则：低调，简单，易记，有特色，不超过三个字，目前预定的形式是 "××××酒家"。

二、餐馆风味：以四川地区的麻辣风味为主

三、餐馆预计面积：200~300 平方米

四、目标城市：北京

五、选址要求：

1. 在周边一公里内至少有一个中型居民小区，周围要有固定的人流量，最好是白领来往或租房区。

2. 如果不能满足上面的要求，位置就要：交通方便，来往有一定量的私家车，人员有一定的消费能力，位置要醒目。

3. 租金以40~60元/平方米为最佳，最好是两层小楼，主要营业面积在二楼。

4. 餐馆要具有停车7~10辆家用轿车的能力，或附近有个200平方米左右的停车场。

六、餐馆布局要求：

大厅内部要求：能摆放4人小台或小圆桌10~12张，10人大台4张，16平方米包厢（4米×4米规格）3~5个。

七、餐馆开张预算：

1. 租金：不能超过20万元。

2. 装修设计费用：2万元

3. 装修费用：

A. 门面外部装潢要突出特色、显眼，但不夸张，费用为×元。

B. 内部大厅装修风格，以突出川味为主，装修一般，不能有异味，费用为×元。

C. 厨房面积为40平方米，装修强调排污、通风，费用为×元。

D. 厕所男女各一个，要求通风，无特别需求，装修费用为×元。

4. 办证费用：办理消防、环保、卫生许可和营业执照等。

5. 购买用具费用：

A. 3台5P的空调，包厢4台小1P空调，共×元。

B. 10把吊扇或壁扇，共×元。

C. 2个冰箱，2个冰柜，1个消毒柜，计1万元。

D. 厨房用具，共4.5万元。

E. 桌凳,共 5000 元。

F. 其他(见清单),共计 2000 元。

G. 自动洗衣机 1 台,1000 元。

6. 其他不可预计费用,2000 元。

八、餐馆装修风格说明:

1. 门面装修要求显眼,突出特色,不夸张,简练,能体现其消费水平。

2. 大厅说明:

(1)桌凳使用原木色的大小八仙桌和长条板凳,或外观上比较结实的大小圆桌,上面覆盖较好的米黄色桌布。

(2)天花板不进行完全装修,使用射灯,射灯以上的天花板喷为黑色,大厅灯光要求柔和,但桌面上的灯光要明亮。

3. 包厢装修与大厅一样。

4. 其他无特别要求。

九、人员配备:

1. 厨房:共 6 人,1 个主厨,2 个副厨,1 个配菜切菜人员,1 个洗涤人员,1 个洗/捡菜人员。

2. 包厢:每个包厢配备 1 个服务员。

3. 大厅:每四张台 1 个。

4. 其他:其他临时人员 1 人(主要用于服务休息时的轮换),店主 1 人。

十、运营费用明细:

1. 物业管理费用:每平方米不能超过 2 元/月。

2. 排污费用:600 元/月。

3. 水电费用、燃油费用:水电 4000 元/月,燃油 2000 元/月。

4. 人员费用:

（1）工资：主厨、副厨、其他；

（2）住宿、伙食费用：住宿费、伙食费。

5. 折旧费用：

6. 原材料：

7. 其他不可预知费用：

十一、菜品说明：

1. 坚持两个特色：

（1）绿色健康食品；

（2）四川地区的风味。

2. 坚持推陈出新：

（1）不断推出新菜品，每月 2 个新菜品；

（2）跟季节变更，以及更换菜品。

3. 消费水平定位：初步定为平均 35～60 元/人。

十二、直接成本估计：

直接成本主要包括：油、盐、佐料，以及构成菜品的原料。

1. 特色菜（拳头产品）：成本控制在 50% 以内。

2. 中档但一般川菜馆少见的：成本控制在 40% 以内。

3. 中档常见菜：成本控制在 60% 以内。

4. 低档常见菜：成本控制在 30% 以内，主要以蔬菜为主。

三、策划书的书写规范

任何事情的完成都离不开具体的规范，策划书的书写同样如此。良好的书写规范，能够让投资者更好更快地抓到商业策划书重点，因此一定不能忽视。

（一）创业策划书文字格式规范

1. 页面设置

（1）纸型：原则上采用 A4 型纸张（210 毫米×297 毫米）。

（2）行间距：单倍行距，字间距用默认值。

（3）页边距：上、下各空 2 厘米；左、右各空 2 厘米；页眉、页脚各空 1.5~1.75 厘米。

（4）页眉：统一写 "×××创业策划书"（封面不要有页眉）。

（5）页脚：宋体，五号，居中。

（6）排版方向：采用纵向打印方式排版；奇偶页不同、正反面打印。

（7）装订线：左侧，空 1 厘米。

2. 字体、字号

（1）标题：除法规、规章等加书名号外，不用标点符号。标题采用三号华文中宋加粗，如果有副标题，用小三号华文中宋；分一行或两行居中排版，换行时，要保证词意完整，排列对称；一级标题与二级标题加粗，字体与正文格式一样，用四号仿宋。

（2）正文：采用四号仿宋；每个自然段首行左侧空 2 个字，换行顶格；数字、年份不换行，可通过调整字间距进行排版；结构层次序数，第一级为 "一、"，第二级为 "（一）"，第三级为 "1."，第四级为 "（1）"，原则上第一、第二级标题独立成行，不加标点。

（3）附件：如果有附件，在正文下一行左空 2 个字用小三号仿宋标示 "附件"，后标全角冒号和附件名称。附件如果有序号，使用阿拉伯数字（如 "附件 1.××××"）；附件名称后，不加标点符号。

（二）创业策划书排版要求

1. 基本情况

（1）序号、编号；

（2）项目名称；

（3）目录、创业策划书正文、附录、证明材料等。

2. 文字格式：

（1）字体：宋体。

（2）字号：

a. 标题：二号，楷体，粗体。

b. 一级标题：三号，黑体，粗体。二级标题：小三号，楷体，粗体。三级标题：四号，宋体，粗体。正文：四号仿宋。

c. 图、表标题：五号宋体；内容五号宋体。

3. 版面格式

（1）加页眉，内容为："×××创业策划书"；字体为：小五号；居中。

（2）页面设置：

a. 页边距：上：2.5厘米；下：2.5厘米；左：3厘米；右：3厘米。装订线：0.5厘米。

b. 页眉：1.5厘米；页脚：1.5厘米。

c. 纸型：A4，纵向纸张。

（3）插入页码：

位置：页面低端。

对齐方式：居中。

（三）创业策划书排版要求

1. 字体：主标题用三号宋体加粗，正文内各主要部分的大标题用四号黑体，正文内文字用小四号宋体，中文摘要用五号楷体，英文摘要用小四号新罗马体，注释、参考文献依次列在篇末，均用五号宋体。

2. 版式：使用 A4 规格、80 克纸单面打印；页眉页脚使用默认页边距，全文行间距为 1.5 倍，主标题段前加 0.5 行；页眉为章和章标题，页眉下为全长横线，页码居中。

3. 创业策划书正文字数不超过 2 万字，可附上相关的图和表，还可用笔录、相关反馈等作为附录。

附：通过下面的对比，可以看到规划策划书的好处。

◆书写不规范的创业策划书：

××豆腐坊创业策划书

一、项目介绍

经营范围：与豆腐有关的。

项目概述：主要是给消费者提供豆腐。

二、市场营销策略

用微笑做营销，赢得顾客惠顾。

三、市场分析

市场需求分析。

在本社区没有豆腐店，但很多人都喜欢吃豆腐，尤其是成年男子。

四、盈亏分析

主营业利润=年营业额-总成本税金

五、人员机构设置

老板、服务员。

六、成本预算

1. 投资预算

2. 经营成本预算

◆书写规范的创业策划书:

××豆腐坊创业策划书

一、项目介绍

项目名称:绿色豆腐。

经营范围:嫩豆腐、油炸豆腐、豆腐相关小吃、小菜等。

项目投资:10万元人民币。

场地选择:人口密集的社区

项目概述:创办绿色豆腐,为各街坊邻居吃豆腐提供方便。豆腐原料来源于邻近农村,绿色无污染,非转基因食品。

二、市场分析

1. 市场需求分析

在本社区没有豆腐店,更没有绿色无污染的豆腐;但大部分顾客都喜欢吃豆腐,尤其是成年男子。

豆腐的营养特点:

（1）蛋白质含量较高，且质量比粮食中的蛋白质好，与肉类的蛋白质接近。

（2）脂肪含量比较高，以黄豆和黑豆的含量最高，是食用油脂的原料。

（3）零胆固醇。大豆是植物，不含胆固醇。蛋白质含量高价值好而胆固醇极少的食物，只有大豆。

（4）含有丰富的钙，再加上加工过程中加入的凝固剂，大豆制品的钙含量非常突出。

（5）含 B 族维生素，特别是维生素 B2 含量比较多。

（6）富含磷、钠及钾等元素，是矿物质的良好来源。

2. 市场竞争与前景

目前，本社区还未出现此类豆腐店，前景光明。

三、成市预算

1. 薪资预算

服务员 2 名：2000 元/人。

2. 投资预算

办理牌照。

简单装修。

营业设备（锅碗瓢盆等）。

宣传，资料（口碑相传）。

3. 经营成本预算

每日采购原料。

物品折旧。

计划外开销。

四、盈亏分析

1. 经营目标

（1）每日预计顾客 200 人，每人消费 5~10 元。

（2）主营业额目标：全年营业额：40 万元。

2. 投资收益预算

主营业利润＝年营业额－总成本税金。

五、盈亏预测

1. 每人平均消费 8 元，如果每天有 64 位顾客消费，保本。

2. 每人平均消费 8 元，如果每天超过 64 位顾客消费，盈利。

3. 每人平均消费 8 元，如果每天低于 64 位顾客消费，亏本。

六、人员机构设置管理方式

组织结构与职能范围：老板、服务员。

七、市场营销策略

用服务员的微笑做营销，通过过硬的豆腐技术赢得顾客的回顾。

通过比较不难发现，书写不规范的创业策划书，不仅会产生毫无头绪感，还不便于之后的经营。因此，要想给投资者留下个好印象，就要注意策划书的书写规范。无论是在字体上，还是在格式上，抑或是在内容上，都要清晰可见。

四、策划书的编写步骤

编写创业策划书是一个展望项目的未来前景、细致探索其中的合理思路、确认实施项目所需的各种必要资源，再寻求所需支持的过程。

伦敦商学院知名的管理教授萨尔（Donald Sull），利用五年时间研究创业个案，归纳出了创业者的创业策划书编写步骤：

第一步，拟出实用假设。

创业者必须先定义机会，搞清楚所需资源、将创造的价值，以及执行计划等。拟定假设时，必须保持弹性，公司在稳定之前，通常都要历经各种变动；创业者要确定自己有能力。筛选创业机会首先要考虑的就是创业者自己的经验或专业，能否占据一席之地。创业者不仅要了解顾客、对手、技术、法规，还要找出公司的致命伤和成功的关键。创业者必须回答这样几个问题："公司的致命伤是什么？"例如，财力雄厚的竞争者。还要回答："我们的宝是什么？"

第二步，汇集各类资源。

创业者在进行测试之前，首先要获得相应的资源，如资金、设备、人才、智慧、潜在顾客资料等。

资金：如果资金有限，可以通过众筹等方式得到足够多的资金。

设备：可以购买或者租赁，只要根据自己的实际情况做出决策即可。

人才：要通过招聘等方式，找到合适的人才，为我所用。

智能：企业的经营也是一个智能的不断整合运用的过程，要让人们积极动脑和创新。

客户：要采用多种方式收集到足够多的潜在客户资料，如微信扫码送小礼品等。

第三步，设计和执行测试。

常见的做法包括：顾客研究、制造样品、进行小区域试卖等。测试时，可以采用部分性的测试，针对某个特定问题收集有用的信息，这种方法适用于公司已经知道、自己却对那个议题不了解的情况。相对地，全面性测试则适用于让公司发现未知的问题、公司以较小的规模测试产品的各个面向，如产品在全国上市前先在某个地区进行试卖。另外，也能够采用阶段式测试，如新餐厅逐步测试与调整菜单、定价、装潢等。

当然，无论采取哪种测试方法，创业者都要尽可能地避免测试可能带来的负面效果，包括拖太久、花太多钱、目标不明确、失去客观性等。要想避免这些情况的出现，就要进行相应的测试，具体方法是：明确测试主题，制定合适的测试规划等。

第四步，创业前的自我反省。

当然，确定自己适合创业后，不必急着立刻走上创业这条路，还要反省一下，看看自己的创业计划是否可行。

（1）能否用语言清晰地描述出你的创业构想？要用很少的文字将你的想法描述出来。

（2）你真正了解你所从事的行业吗？

（3）你看到过别人使用过这种方法吗？

（4）你的想法经得起时间考验吗？

（5）你的设想是为自己还是为别人？

（6）你有没有一个好的网络？为了找到合适的人选，应该有一个服务于你的个人关系网。

（7）明白什么是潜在的回报？每个人投资创业，其最主要的目的就是赚最多的钱。

下面是某面馆的创业策划书。

面馆创业策划书

第一步，拟出实用假设。

周边地区有几个面馆，但口味普遍不行。

计划投资 10 万元，用于装修。

周边地区有写字楼和上班族，计划每月的营业额可以达到 4 万元。

创业者有过三年的从业经验，其掌握着山西刀削面的技术。

第二步，汇集各类资源。

资金：自己的资金足够，不用通过其他方式筹集。

设备：购买配套桌椅、厨房炊具、冰箱等。

人才：通过招聘等方式，招聘 10 名服务员。

客户：通过免费试吃，吸引人群。

第三步，设计和执行测试。

能够采用阶段式测试，如调整菜单、调整定价、提高服务水平等。

明确测试主题，制定合适的测试规划等。

第四步，创业前的自我反省。

看看自己的创业计划是否可行：

1. 能否用语言清晰地描述出自己的创业构想？

2. 你真正了解面食行业吗？

3. 你看到过别人使用过这种方法吗？

4. 你的想法经得起时间考验吗？

5. 你的设想是为自己还是为别人？

6. 明白什么是潜在的回报。

五、策划书的编写技巧

创业策划书的编写，也是需要掌握一定的方法和技巧的。具体来说，主要有：

1. 明确创业者的背景资料

任何创业策划书都要重视创业者的背景资料，详细说明他们的姓名及令人信服的各种资料，这是创业计划的基本要求，也是创业策划书包装的最基本要求。而好的创业策划书包装还会说明：为什么你能开创这独特的产品或服务？并由此获得大量收益。

2. 产品（服务）独具独特性

你的企业具有独一无二的优势吗？这些优势体现在技术、品牌、成本等方面，而这些优势能保持多长时间也是需要在策划书中明确说明的，因为这决定着对方是否投资。

3. 商业模式和盈利模式可行

商业模式指的是，如何生产商品、如何提供服务和市场策划等；盈利模式指的是如何赚钱、如何把产品和服务转化为利润。商业模式和盈利模式的可行性，最终都体现在企业的执行力上。

4. 高效的管理

管理也是风险投资者关心的问题，风险投资领域的传统观点认为：如果点子好，但管理很差，也可能失去机会；点子差，但管理好，也可能争取机遇。因此，要将关于管理的内容都编写在策划书上。

5. 风险投资都是利字当头

在创业策划书中，要提供有说服力的公司财务增长预测。风险投资都愿意选择有竞争力的企业、行业中的龙头，要想吸引投资，就要在创业策划书上写明自己企业的规模、计划、发展状况等。

6. 有效的退出机制

在决定投资某项事业之前，投资者都会提前想好退身之路。主要退出方式有：

（1）公司股票上市。投资者可以将自己拥有的公司股权公开出售。

（2）公司整体出售。将包括风险资本公司的权益同时出售给大公司。

（3）公司、个人或第三团体把投资者拥有的本公司权益买下或卖回，创业策划书要对有关事项详细说明。

下面是某服装店的创业策划书：

服装店创业策划书

一、创业者的背景资料

创业者有着十年的服装行业销售经验，有固定的客户资源，对于品牌潮流掌握准确。

二、产品（服务）独具独特性

销售大品牌服装，已经与××服装厂建立了长期合作关系。

1. 选货及进货

品牌以杂牌为主，以外贸货为主。进货要适销、适量，要编制进货计划，当然在进货过程中也可应变修改。进货时，先到市场上转一转、看一看、比一比、问一问、算一算、想一想，以后再着手落实进货。

少进试销，然后适量进货。

进货安排在每个星期三或星期四，但只上一部分新货，另一部分留着星期天上。如果进入销售旺季，三四天就补一次货。"三八""五一""国庆"等销售高潮，要提前半个月就开始准备。

2. 进货渠道

服装批发市场，同一城市就近方便，等日后销量上去，在周边城市批发市场。

三、商业模式和盈利模式可行

将线上和线下结合起来，灵活运用多种营销方式，扩大销售量。

重视客户体验，为客户提供富于个性的服装，满足客户需求。

四、高效的管理

共招聘 5 名员工，制订相应的培训计划，不定时考评员工；制定合理的薪酬制度，激发员工积极性。鼓励员工主动创新，为企业服务。

五、风险投资都是利字当头

公司面积 200 平方米，月营业额达 5 万元；计划三个月的起步期，之后进行发展。

六、营销策略

1. 开幕促销

开幕当天为招徕顾客，办一些促销活动，采用打折、赠品和抽奖三大类型。同时，在周围小区散发些传单。

2. 衣服的陈列

产品陈列要突出自己服装的特点，把上衣、裙子、裤子、套装等分开陈列。量多的款可以用模特出样，因为出样的衣服是卖得最快的。

3. 长期发展营销策略

原则：每周都要有新货上架，以中档为主，高低档为辅（高档点缀低档适量）。

方针：尽量把其中的每个环节做成标准化，以备日后发展连锁，即模式复制。

服务：训练营业员的基本利益、对顾客的服务态度及服务宗旨。

六、创业策划书模板

每天都有人开始创业之路，每天也都有人走下创业舞台。抱有创业梦的人无法计算，为什么有人能够美梦成真？有人却是梦醒一场空？可行的创业策划书就是成功的关键！那么，可行的创业计划究竟是什么样子的？

1. 关注产品细节

创业策划书的第一步，就是要提供与企业产品或服务有关的细节，包括企业所实施的所有调查。这些问题包括：产品正处于什么发展阶段？它的独特性怎样？企业用什么方法来分销产品？谁会使用企业的产品，为什么？产品生产成本是多少、售价是多少？

2. 仔细分析竞争对手

创业策划书的第二步，就是要仔细分析竞争对手的情况。比如，竞争对手都是谁？他们的产品是如何工作的？竞争对手的产品与本企业的产品相比，有哪些相同点和不同点？竞争对手采用了怎样的营销策略？

首先，要明确各竞争者的销售额、毛利润、收入和市场份额；然后，再讨论本企业具有的竞争优势，要告诉风险投资者顾客为何喜欢你，如企业产品质量好、送货迅速、定位适中、价格合适等。要让读者相信，你们的企业不仅是行业中的有力竞争者，将来还会是确定行业标准的领先者。在创业策划书中，还要解释清楚竞争者给你带来的风险和采取的对策。

3. 了解市场，观察市场

完成上面两步之后，要让人们知道你的企业对目标市场的深入分析和理解。不仅要细致分析经济、地理、职业和心理等因素对消费者选择购买你的产品的影响，还要详细说明各因素发挥的作用。

当然，在创业策划书中还应包括一个主要的营销计划，计划中要列出本企业打算开展广告、促销和公共关系活动的地区，明确每项活动的预算和收益；还要简述一下企业的销售战略：是使用外面的销售代表，还是使用内部职员？是使用转卖商、分销商，还是使用特许商？提供何种类型的销售培训？此外，还要特别关注一下销售中的细节问题。

4. 表明行动的方针

创业策划书的第四步，就是要将企业的行动方针告诉读者，要明确这样几个问题：企业如何把产品推向市场？如何设计生产线，如何组装产品？企业生产需要哪些原料？企业拥有哪些生产资源，还需要什么生产资源？生产和设备的成本是多少？企业是买设备，还是租设备？解释与产品组装、储存和发送有关的成本的情况。

5. 展示管理队伍

要想将一种思想转化为一个成功的企业，关键就在于，组建一支强有力的管理队伍。这支队伍的成员必须有较高的专业技术知识、管理才能和多年工作经验，要让投资者感到放心和有信心。

管理者的职能就是计划、组织、协调、控制和指挥公司实现目标的行动，在创业策划书中，要仔细描述一下整个管理队伍和职责；之后，再分别介绍各管理者的特殊才能、特点和造诣，仔细描述各管理者将对公司所做的贡献。

6. 出色的计划摘要

创业策划书中的计划摘要，必须让读者有兴趣并渴望得到更多的信息。如果公司是一本书，计划摘要就是这本书的封面，做得好就可以把风险投资者吸引住。主要包括从计划中摘录出与筹集资金最相干的细节：公司内部的基本情况、公司的能力和局限性、公司的竞争对手、营销和财务战略、公司的管理队伍等。

写好全文，加上封面，将整个创业要点抽出来写成提要，然后要按下面的顺序将全套创业方案排列起来：①市场机遇与谋略；②经营管理；③经营团队；④财务预算；⑤其他与听众有直接关系的信息和材料，如企业创业者、潜在投资者，甚至家庭成员和配偶。

7. 认真做好修饰

首先，要根据写好的报告，把最主要的东西做成一个 1~2 页的摘要，放在前面；其次，检查一下，不要出现错别字之类的错误，否则别人就会对你的做事态度产生怀疑；最后，设计一个漂亮的封面，编写目录与页码后打印、装订成册。

8. 检查创业策划书

对创业策划书的检查，可以从以下几个方面进行：

（1）你的创业策划书是否显示出，你具有管理公司的经验。

（2）你的创业策划书是否显示了，你有能力偿还借款。

（3）你的创业策划书是否显示出，你已进行过完整的市场分析。

（4）你的创业策划书是否容易被投资者所领会。

（5）你的创业策划书，是否有计划摘要并放在了最前面。计划摘要相当于公司创业策划书的封面，是投资者看到的第一眼。为了提高投资者的兴趣，计划摘要应写得引人入胜。

（6）你的创业策划书，是否在文法上全部正确。

（7）你的创业策划书，能否打消投资者对产品（服务）的疑虑。

下面是某花店的创业策划书：

花店创业策划书

一、项目背景

随着人们的生活水平不断地进步，生活质量不断地提高和对生活的追求，鲜花已经是人们生活不可缺少的点缀。花卉消费近些年来呈越来越旺的趋势，除了花卉本身所具俏丽姿容，让人们赏心悦目，能够美化家居等外，还可以开发人们的想象力，使人们在相互交流时更含蓄，更有品位。

二、公司项目策划

1. 公司使命

提供鲜明、有效、畅通的销售渠道，提供产品服务，促进鲜花市场的大发展。

2. 公司目标

立足本地，服务本地，辐射华中，创建花店一流公司。

三、经营环境与客户分析

1. 行业分析

面对广大市民，市场广阔，消费目标定位在广大市民和在校大学生，将来生意好就将市场扩大到周围县区。

2. 调查结果分析

以高级市民为重点进行客户分析，主要采取问卷调查和个别访谈的方式。

（1）有明显的好奇心理，在创新方面有趋同性，听同学或朋友介绍产生购买行为。

（2）购买行为基本上是感性的，但由于受经济收入的影响又带有理性色彩，一般选价位较低但浪漫色彩较浓的品种。

（3）在校大学生没有固定的购买模式，购买行为往往随心所欲。

(4) 接受和吸收新事物的能力强，追求时尚，崇尚个性。

(5) 影响产品购买的因素依次为：价格、品种、包装、服务等。

(6) 购买行为节日性很强，一般集中在教师节、情人节、清明节、母亲节、圣诞节，以及朋友生日前后等。

3. 目标客户分析

在校大学生购买一般不问价格，在订单数量上倾向于能表达心声，如大多数订购 1 支（你是我的唯一）、3 支（我爱你）、19 支（爱情路上久久长久）、21 支（最爱）等。

四、经营策略

1. 小组成员

管理员、收账员、鲜花包装员、市场调员。

2. 营销策略分析

（1）品牌策略。

在品牌包装上，由美工人员根据详细的市场调查和大胆预测，采取动态与静态页面相结合的设计方案，视觉形象和文字字体都经过精心规划，力求具有独特创新。

（2）价格策略。

花店在原料、包装、服务等方面力求尽善尽美，努力给客户最大限度的享受和心理满足。

（3）促销策略。

宣传策略：利用人工宣传，网上宣传，报栏、宣传栏免费宣传，并与各大报社、地方电台与电视台建立良好的关系，采取互惠互利双赢的战略模式。

服务方面：只要有订单，就按照订单要求按时按地送到，并且是微笑服务。售后服务方面，由客户服务部负责采取以下几种方式：打感谢电话或发E-mail 进行友情提醒服务；无条件接受客户退货，集中受理客户投诉；与客户交流信息，沟通感情，并解答客户最感兴趣的问题。

五、营销效果预测与分析

1. 营业额收入：据调查分析，预测在主要节假日，每天销售额在 1000 元以上。

2. 支付方式：直接交付金额或刷卡。

3. 订货方式：线下购买，电话订购。另外，重点推出备受学生喜欢的短信订购。

4. 客户特点：年轻化，50% 为青年人，以男性为主。

5. 消费特点：60 元以下的鲜花最受欢迎。

六、经营成市预估

1. 原则：把每一分钱用在"刀刃"上，充分发挥每一分钱的价值。

2. 第一期投资：这一时期，资金主要用于店的选办及装修、产品采购、前期宣传、物流配送等方面。预计需要人民币 3 万元左右，正常运作需要一个月的时间。

3. 第二期投资：这一阶段的服务将辐射市区和各大学校，服务内容有很大扩展，服务质量将进一步提高。

第二课　创业商机策划

一、怎样寻找新商机

创业机会无处不在，关键是要进行不断的发掘！

朋友老李在一家超市门口看见别人搭了个简易台子卖某集团手机充值卡，这种卡买100元送100元，打电话很便宜，不过只能打电话，不能发短信。但是，即使如此，也吸引了很多消费者，十分钟就卖出去5张。

老李看到人家生意好，趁人家不忙的时候，过去打听。当时该商场还有一个出口，如果这个卡很赚钱，可以在另一个出口搭个台子再卖。打听后得知，卡都是从老板那里批发的，每卖出一张卡可以赚8元，人流量大的时候，1个小时能卖30张，1个小时就能赚240元。每天商场人流量大的时间也就几个小时，交完场地租金，每天还能赚1000多元。可是，成本比较大，一次进了1000张。老李就跟他商量，让他第二天多带一个台子过来，再多带一些卡，老李在超市的另一个出口帮他卖，每张只需提成5元。

第二天，老李在超市的另一个出口，卖了5小时，总共卖出去100多张，轻轻松松赚了500元。

这个生意的本质就在于，看见别人什么卖得好，就要果断地加入，但最好不要自己进货，不要自己搭台子，借用别人的货，借用别人的台子，也能找到商机。

行走在大街小巷，看见别人什么卖得好，不管是卖首饰项链，还是卖鞋垫皮带，或者卖狗皮膏药，都要主动过去看看，看看能不能让老板为你垫点货，你帮他卖，然后和他分点钱。既然人家卖得好，就一定有卖得好的道理，大胆地借他的货，也是在帮他赚钱。只要多找找，定然能够找到商机。

创业需要机会，而机会要靠发现。那么，创业者如何寻找合适的创业机会？如何把握创业商机呢？

（一）了解寻找商机的途径

概括起来，可以从下面四个途径来寻找创业商机。

1. 问题

企业的根本是满足顾客的需求，而顾客需求没有得到满足就是问题。主要是要善于发现和体会自己和他人在需求方面的问题或生活中的难处，就可以找到商机，比如，有人看到学生放假时交通困难，就创办了一家客运公司，专做大学生的生意。

2. 变化

何为创业者？就是那些能寻找变化，并积极反应，把其当作机会充分利用起来的人。产业结构的变动、消费结构的升级、城市化的加速、人们观念的改变、政府改革、人口结构的变动、居民收入水平的提高、全球化趋势等，都包含着巨大的商机，关键在于发现和利用。比如，随着人们收入水平的不断提高，私人轿车的拥有量不断增加，就会出现很多机会；再如，汽车销售、修理、配件、清洁、装潢、二手车交易、陪驾等。

3. 竞争

商场竞争异常残酷，但既是挑战，也是机会。如果看出了行业竞争对手的问题，并能弥补竞争对手的缺陷和不足，也就找到了新的创业机会。因此，平时要做个有心人，多了解竞争对手的情况，看看自己能否做得更好？能否提供更优质的产品？能否提供更周全的服务？如果可以，就能找到创业机会。

4. 新知识、新技术

知识经济的一个重要特征，就是信息爆炸，技术不断更新换代，里面都包含着大量的商机。比如，随着健康知识的普及和技术的进步，仅日常的饮水问题就带来很多创业机会，各种净化水技术派生出诸多饮用水产品和饮用水供应站，很多创业者就是通过加盟方式走上创业之路的。

（二）抓住识别创业商机

看到创业商机后，接着就要考察商机的可行性。

有想法、有点子只是第一步，并不是每个大胆的想法都能转化为创业机会。那么，如何判断一个好的商业机会呢？从市场角度来判断需要注意四个方面：

1. 产品所处的生命周期阶段

一般来说，市场上已经显示出商机，市场已经开发，但是现有的供应商不能满足市场，这时介入，成功的把握最大。通常来说，缺少经验的创业者一般都会选择一种全新的项目。如果你是初次创业，没有太多的经验以及特别想法，可以选择大众产品。当然，市场上从来都没有出现过的项目，最好不要选；最好的市场是，已经度过了萌芽期，比较平稳；成熟的项目也不是好项目，没有风险溢价，也就得不到风险溢价了。

2. 市场的产品比较

如果创业项目在价格上有明显优势，同时产品质量很高，就容易成功。

3. 特殊需求

如果一个产品是市场上从来都没有出现过的新产品，就要看看它是否满足市场上某类人的特殊需求。小众产品市场是创业者的一块 "金矿"，如果能找到这类市场，成功率就非常高。

4. 项目的控制性

这是判断项目的一个非常重要的方面，控制性包括两个方面的内容：一个是硬资源，另一个是软资源。硬资源是生产需要的原材料，如果是创业者能控制的项目，就是一个不错的项目；另一个就是软资源，很多市场是人为控制的，如果能做好这个市场，成功的概率也会比较大。

（三）培养发现商机的能力

发现创业机会不是一件容易的事情，对于创业者来说，发现创业机会的能力也是当老板必备的素质之一。创业者在日常生活中要有意识地加强实践，培养和提高这种能力：

第一，要养成市场调研的习惯。要想发现创业机会，关键就要深入市场调研，了解市场供求状况、变化趋势，考察顾客需求是否得到满足，注意观察竞争对手的长处与不足等。

第二，多看、多听、多想。每个人的知识、经验、思维和对市场的了解都不可能做到面面俱到，只有多看、多听、多想，才能广泛获取信息，及时从别人的知识、经验、想法中汲取有益的东西，增强发现机会的可能性和概率。当然，为了获得商业知识，就要多参加相关行业的博览会，或多浏览创业项目网页等。

第三，有独特的思维。机会一般都抓在少数人手中。要克服从众心理和传统的习惯思维模式，相信自己，见解独立，不人云亦云，不为别人的评头论足、闲言碎语所左右，如此才能发现和抓住被别人忽视或遗忘的机会。

二、商机要靠"发现"

梁亮，是一所重点大学的大三学生。他渴望赚钱，但受能力、年纪、经验所限，尝试过很多次后都失败了。

一次，梁亮看中了学校新建食堂四楼的一块空旷大厅。大厅旁边是个隶属于学校的高档餐厅，高档餐厅的生意一直很一般。大厅闲置着，梁亮想着通过关系，用低价把这块场地拿下来。学校有几万名学生，虽然在食堂四楼，但如果宣传得当，还是有学生愿意来的。

梁亮跟我谈起这件事。

我问他："你最擅长什么？"

"英语，我还是学校英语俱乐部的部长。"

"那就从事你最擅长的英语。"

"我该怎么做？难道搞英语培训？凭我的能力与力量，搞英语培训有很大难度。"

"多观察，多想办法，把这个困难克服掉。"

"先将场地谈下来，再去找人投资？借别人的钱，找老师，再招生培训？"

"不，借钱或找人投资是一个很低级的借力方式。"

"那我该怎么做？"

"你按照我告诉你的方法做：

（1）你去跟后勤部的主任说，我有办法帮你把学生弄到四楼来吃饭，同时我还要给你带来生意。我保证每个月给你带来 2 万元的营业额，条件是免费使用你那闲置的场地。

（2）这个场地用来干什么呢？不做任何商业行为，只是在这里带领学生晨读英语（一个共同晨读英语的培训项目诞生了，把自己跟外面的外语培训机构区别开来）。

（3）找一家著名的培训机构合作，如新东方。你跟他们说，我想帮你们招生，至少一所学校招 100 名学生。我的条件是：提供培训资料的视频与老师。比如，新东方提供一个老师，每周来一两次带领同学们晨读英语。晚上播放培训相关视频，为新东方招生做宣传。

（4）找你们英语俱乐部的会长，告诉会长，我给协会找了一个读英语、开会、做活动的地方，还可以给会长您提供一个单独办公室。我的希望是，能够动用协会的力量帮我招晨读学生。协会里的人可以免费参加，只需缴纳 3.5 元的早餐费。

（5）准备工作做得差不多了，向学生宣传：'新东方老师带领您晨读！带领你走出哑巴英语。'"

于是，一个多方借力、多方获利的经典营销案例就产生了。

（1）通过英语俱乐部，梁亮一共招到 400 多名学生。定价为每个学生每天 6 元（含 3 元营养早餐），按月收取费用。每个学生毛利在 3.5 元。一个月毛收入为 400 人×3.5 元×30 天 = 42000 元。

（2）英语俱乐部免费获得了办公室与活动场所，提高了协会形象。

（3）后勤部每个月多收入了 2.5 元（梁亮与食堂约定的早餐价格）×400 人×30 天 = 30000 元。同时，还带动了四楼的餐厅生意。

（4）新东方通过晨读与晚上的视频学习，在一个月内招到 46 名学生，一个学期招了近 200 名学生，等于新东方免费拥有了一个学生试听试读的场所，不需要花力量宣传组织学生来听。

通过一年时间的运营，梁亮赚了近 60 万元。靠着自己的眼睛，他运用自己的力量，利用简单的资源，赚取了人生的第一桶金。

"商机难寻，生意难做"，是如今很多生意人发出的叹息。其实，市场永远不会真正饱和，但商机却"藏"在身边。关键是不断地发现。只要留心，你就会发现，身边有很多商机在等待你去挖掘。

在美国西雅图时，马云第一次接触到互联网，发现 20 世纪 90 年代的中国正处在互联网发展的起步时代，于是就回杭州创办了一家能为全世界中小企业服务的电子商务站点，这就是阿里巴巴集团的雏形。如今，马云已经掌握了巨大的财富，"淘宝""天猫"正一步步改变人类的生活。

中国首富王健林当初辞官下海经商，从最初的房地产业开始，不停地发展到商业、电影业、金融业等，不断地发现商机，开拓事业版图，使万达成了全球规模最大的不动产企业。

而马云和王健林之所以能够取得现在的成绩，主要就在于他们善于"发现"。

商机就在身边，现实生活中商机到处都是，关键是要用深邃敏锐的目光及时发现商机，捕捉商机。

1. 互联网科技发展中的商机

21 世纪的今天，互联网依然存在巨大的商机。随着生活质量的不断提高，社会发展的变化，人们对服务的要求也在不断地提高，新需求也在不断产生，如智慧城市服务、网上医生、电子商务、互联网政务服务、互联网娱乐等。在这个全民皆主播的"直播"时代，很多互联网公司推出了直播服务，收获"网红"经济效益。每次互联网革命都带来巨大的社会变革，都会给社会经济生活带来新的思维和内容，只要多留意互联网，也能不断发现商机。

如今，我们处于网络信息经济时代，互联网的迅猛发展已经让传播突破了空间和时间限制。人类生活和现代服务也越来越依托互联网技术，各种互联网服务渗透到了我们的生活。

大学毕业后，刘良峰应聘到一家电力公司下属企业担任项目经理，工作虽然辛苦但很稳定。

2010年4月，几个同事打算在周末的时候去烧烤，打算做奥尔良烤翅。刘良峰年龄最小，主动承担起了采购鸡翅的任务。他在电脑上搜索奥尔良口味时，留意到上海一家公司生产的鸡翅。买回来后，大家赞不绝口。

既然大家这么喜欢，为什么不自己进货来卖呢？刘良峰再次跟上海厂家取得联系，一次性购买了600元的调料包，并在淘宝上开了家小店。只用了两天时间，全部卖光，净赚300元。这次试水让刘良峰看到了机遇。两天后，刘良峰从公司辞职，一个人一台电脑开始了淘宝创业梦。半年之后，刘良峰赚到了4万元。

2012年，刘良峰将目光瞄向了家乡特产——靖江肉脯。当时淘宝上已经有几家销售靖江肉脯的商家，只不过由于"价格战"，价格一直卖不上去，利润很低。刘良峰打算在口味上做做文章，经过调查，他发现，苏南、浙江、上海等地的顾客都喜欢稍微甜一点的肉脯。

刘良峰找到一家生产商，合作推出了首款蜜汁肉脯，结果一炮而红。如今，刘良峰已经积累了千万元资产。

2. 价值观念变化中的商机

随着社会的不断发展，人们的价值观念也悄然变化，只有不断适应社会经济潮流，具备长远的战略发展眼光，才能发现商机。多样化的时代给创业提供了广阔的市场空间，变化就是机会。通过这些变化，就会发现新的前景，如产业结构的变化、科技进步、通信革新、政府放松管制、经济信息化、服务化、价值观与生活形态变化、人口结构变化等。随着人口老龄化和独生子女趋势，可以挖掘出更多新商机：为老年人提供的健康保障用品、为独生子女服务的业务项目、为年轻女性和上班女性提供的用品、为家庭提供的文化娱乐用品。

3. 集中盯住某些顾客的需要

机会，不能从全部顾客身上去找，因为共同需要较容易认识，基本上已很难再找到突破口。每个人的需求都有差异，时常关注某些人的日常生活和工作，就会从中发现某些机会。因此，在寻找机会时，应把顾客分类，比如政府职员、菜农、大学讲师、杂志编辑、小学生、单身女性、退休职工等，只要认真研究各类人员的需求特点，机会自然就能出现。

2010 年底，卢勇的儿子出生后，妻子隔三岔五地就会买些玩具，一年下来，居然多达几千元。卢勇看到了儿童玩具的广阔市场，决定开一家玩具店。

由于没有太多的资本，卢勇打算先从代理品牌做起。想好店名，在批发市场找妥进货渠道，设想好网店构架……每一步都稳扎稳打。为了拿货方便，卢勇特地就近租了一间房子，每天五六点起床去拿货，回来后自己兼做美工、客服、发货员等。之后，他又投入几万元资金添置了相机等专业设备、聘请了美工等。

为了让图片更美观，卢勇还聘请专业的摄影师，把玩具拿去拍外景，引来了多家淘宝店竞相模仿。虽然投入的时候有点心疼，但收到的效果却立竿见影，销量立马翻番，2011 年春节期间一天能发 80 多单。

业务上去了，服务短板显现。由于人手不够，服务跟不上，差评越来越多。卢勇聘请了专业的客服人员，同时还亲自打电话跟踪每个差评，跟消费者沟通，保证店面好评率达到 99%。

如今，卢勇的玩具店，代理的产品已经涵盖可儿娃娃、银辉、TOLO、英纷、汇乐等众多品牌，每天订单有 100 多单，月销售额已达到 30 万元。

4. 追求"负面"就会找到机会

所谓追求"负面"，就是着眼于那些大家"苦恼的事"和"困扰的事"。对于苦恼和困扰，人们总会迫切地想要解决；只要能提供解决问题的办法，也就找到了机会。例如，双职工家庭，没有时间照顾小孩，于是就有了家庭托儿所；没有时间买菜，就产生了送菜公司……这些都是从"负面"寻找机会的例子。

看到很多人没有时间买菜，李海在2013年8月建立了自己的配菜上门团队，为了便于客户下单，他还建立了专门网站和手机APP，承诺半小时内送配菜上门。结果，第一个月零订单。当时，很多人劝李海：趁着亏损不大，赶快收手，还不如打工呢。李海却很坚定，他带着团队成员到小区、机关、医院、学校、企业食堂和酒店推销，还提供免费体验。终于，打开了市场。

三、新的市场机遇

李帅是个帅小伙，长得一表人才，大二时曾做过兼职模特，月收入2000元。后来，在与客户聊天时，李帅发现，他们都感到很苦恼：请到的模特素质低。

李帅发现这个问题后，在大二的课程快结束时，决定组织一支大学生模特队。他将招录帖子发布在校内网上，结果报名的人达40多个，李帅择优选择了20多个。同年10月，有个摩托车工业展，需要几名模特。李帅主动跟对方取得联系，带去了10名大学生模特。结果，对方已经有了签约模特，只是把李帅的队伍作为"备份"，最后只要了一人。

展会上，唯一进场的模特以学生的清纯气质吸引了众多眼球，其任劳任怨的职业精神也令客户满意。虽然没有挣到钱，还贴了模特的路费，可是却让李帅长了经验，也明白了行当里的许多事。

李帅的模特队很快增加到80多人，附近几所大学都有学生加入。几天后，在当地举办的汽车大赛上，李帅的模特成为赛车女郎。很多老板跟李帅交上了朋友，甚至成了铁哥们，为李帅的事业打开了一扇大门。

天上不会掉馅饼，机会之门总是为有准备的人打开，要想抓住机会，就要多动脑筋。李帅之所以能够取得最后的成功就是因为，他是生活的有心人，做事执着，敢于打拼。

在创业的过程中，每位创业者都会遇到很多问题，然而多半会历经挫折最终以失败告终。要想创业成功，首先就要善于总结实践规律，积累创业经验。

（一）需要把握的市场机会

创业者要学会抓住哪些市场机会呢？

1. 潜在市场机会和表面市场机会

在市场机会中，明显没有被满足的市场需求，就是表面市场机会；隐藏在现有某需求后面的未被满足的市场需求，就是潜在市场机会。明显的表面市场机会，很多企业能发现，这也正是它致命的弱点。机会明显，发现者多，进入者也就多。一旦超过一定限度，就会造成供过于求，给企业带来亏损。而潜在市场机会不易被发现，但正是由于识别难度大，只要找到并抓住了，成功的机会就会大很多。

2. 行业市场机会与边缘市场机会

每个企业都有它特定的经营领域，对于出现在本企业经营领域内的市场机会，我们称为行业市场机会；而在不同企业之间的交叉与结合部分出现的市场机会，就是边缘市场机会。

一般来说，企业对行业市场机会比较重视，因为它能充分利用自身的优势和经验，发现、寻找和识别的难度系数小。但是，行业市场机会遭到同行业间的激烈竞争而可能失去或降低成功的机会。各企业都比较重视行业的主要领域，所以在行业与行业之间有时会出现"夹缝"，从而形成真空地带，无人涉足。

但它比较隐蔽，难以发现，需要有丰富的想象力和大胆的开拓精神。

3. 目前市场机会与未来市场机会

在目前环境变化中出现的市场机会，就是目前市场机会；而那些在目前市场上并未表现为大量需求，仅表现为一部分人的消费意愿或极少需求，但通过市场研究和预测分析将在未来某个时期内实现的市场机会，则是未来市场机会。二者并没有明显区别，只是在于时间先后顺序不同、从可能变为现实的客观条件是否具备。

一般来说，从发现有利的市场机会到推出产品进入市场，总是需要一定时间的。提前预测到这种机会将在某一时间出现，及早地做准备，就能够大大缩短这一时间过程，在市场机会到来时，将准备好的产品推入市场，获得领先优势。

4. 全面市场机会与局部市场机会

二者的区别是：全面市场机会是在大范围市场（如国际市场、全国市场）内出现的未被满足的需求；而局部市场机会则是在一个局部的市场（如某个省、某个特定地区）内出现的未被满足的需求。

在创业过程中，区分这两种市场机会非常必要。企业所处的外部环境，不仅会受到作用于整个市场的一般因素的影响，还会受到只作用于该特殊区域的相关因素的影响。进行这样的区分，可以让企业少犯教条主义或主观主义的错误。

总之，好的市场机会，总是很难发现的，甚至是察觉了也很难把握。创业者必须提高自己的市场发掘能力，不断开拓自己的眼光，努力锻炼自己的独立思考能力，如此，在无形之中，你就比别人拥有了更多的机会。

（二）创业成败的关键在于抓住市场

创业的起源来自市场经济，来自用户需求，来自先进技术；而创业成败的关键之一就在于抓住市场机会。

1. 做好机会记录

并不是每个机会都是值得开采的金矿，列好清单，做好记录，就能提高你找到、抓住机遇的概率。这份清单中的机会也许会引导你发现新的机会，没有做好记录，就可能错过。如果哪个产品或服务不是你想的那样，就立刻将它记下来；同时，记下你认为这个产品或服务应该是什么样子的。如果你的创业驱动力更大，就要由此分析出你从这个商业机会中学到了什么、哪些是你可以借鉴的。

2. 了解别人发现的机会

创业者总喜欢谈论他们发现的那些机会，这是本性，确实令人激动。不妨多去倾听一些成功创业者的成功经验，听听对方是怎样发现创业机会的，或许能刺激你产生新的想法。

3. 问问自己：你能把它变为现实吗？

把不可能变成可能是创业者最擅长的，可是要想让某件事变成现实，就要找到别人没想到的新方法。如果新方法中涉及产品或服务，你就找到了新机会。

4. 扩大视野向外看

创业者习惯于解决问题，但经常把自己局限在解决商业问题上。其实，只要将视野扩大一下，看看自己的生活中有哪些需要解决的问题，也能发现创业机会。

5. 超越你的能力

为了不被别人看作狂妄之徒，人们总会去追逐那些自己难以做到的事。可是，创业都是建立在创业者的不满足上，因为他们想要的更多。所以，要想找到新的市场机会，就要好高骛远一些。别人都做不到的，就是你的机会。

第三课　创业项目和产品策划

一、量力而行

　　创业是如今非常流行的一个词语。互联网上，经常可以看到创业一夜暴富的新闻，当然在现实生活中，创业失败的教训也是屡见不鲜。每个人心中都揣着一个创业梦想，但是创业不是一蹴而就的，创业千万不可急功近利，因为光有热情还不够。

　　两年前，意气风发的张强开始琢磨他的创业蓝图，看着别人加盟各种快餐连锁店，他也觉得快餐一定是个赚钱的好项目。第一次创业，张强决定开一家快餐连锁店。说做就做，张强开始着手创业。张强把店铺定在中心城区一所学校旁边，同时，还加盟了一家广州品牌，并学习了面包蛋糕制作手艺。

　　很快，张强的店铺开始营业了。起早摸黑的张强原以为可以赚大钱了，可是店铺的运营状况却让他非常头疼。每个月赚的钱仅够租金和人员工资，张强感到异常不解。开始创业之前，他把问题想得太简单，也太乐观了，并没有将周边品牌店面的竞争及快餐行业的压力考虑在内，因为对市场的估计不全面，张强的快餐连锁店在坚持了一年半之后，不得不宣告倒闭。

无独有偶。"80后"小李,在大学城附近开了一家胡同烤鱼小店。他信心满满地认为,只要自己勤快一点,再加上胡同烤鱼的特色,创业的成功率定然会非常高。结果,空有一番热情,学艺不精的小李并没有得到顾客的喜爱。店铺开张三个月后,便只得关门歇业。

张强和小李的遭遇并不是个例。在这个创业热情高涨的年代,怎样避免走入盲目创业的误区,是创业者需要考虑的问题。

跟风是创业的第一大禁忌,任何项目、行业,都不是短时间就可以摸透的。若是对某个领域不太熟悉,不论别人赚多少钱,都不要跟风,盲目跟风,只能成为别人的嫁衣。

创业不是简单的做生意,也不仅仅是为了获得利润。创业是赚钱与做事业合二为一,体现了一个人的人生价值,而做生意仅仅是一种谋生手段罢了。

在如今这个时代,很多人仅把创业当作生意,只想着获得利润,至于公司该如何发展、路线如何规划、核心市场在哪里、如何进行用户定位、如何进行市场细分,从来都不考虑。浮躁心理万万不可有,需要量力而行。

(一)知道自己的本领

想要创业,首先,就要有一定的积累。只有智慧、心智和经验等积累到一定程度,形成了成熟的人生价值观后,才能去做创业的事情。

其次,术业有专攻。创业不能盲目,不能自以为是,要以兴趣为导向。想要在一个行业里做大做强,不仅要熟知行业的运营规则,还要有足够的资金;不仅要知晓人员能达到的层次,还要培养一些忠诚员工和能力强的管理者。同时,从事的行业也必须符合自己的兴趣。

最后,必须有良好的创业心态与商业品格。要放低心态,懂得忍耐、谦逊、努力、勤奋、坚持等,找到适合自己的创业项目。

有多大本事揽多大的活,创业还需要量力而行,不可操之过急。一口吃不成个胖子，创业也需要一步一步地做大，要克服眼高手低、好大喜功的想法，时时刻刻做到务实。

（二）创业需要量力而行

最近几年，就业越来越难，很多人将自己的目光放在了创业上。可是，刚走入社会，经验不多，资本没多少，该用什么创业方式？自己虽然打了几年工，有了一些积蓄，但依然对创业一头雾水，怎么办？一句话，要根据自己的爱好、条件和特长来选定行业和产品，量力而行。

这里所说的"力"，一指个人能力，二指经济实力。

1. 个人能力

周翔 2008 年大学毕业，学的是计算机专业。当时，这门学科还挺热，还没毕业，班上的很多学生就找到了"婆家"。可是，周翔却并不着急，而是选择回家创业。凭借扎实的专业知识和谦虚的性格，不到半年时间，就成了当地的"专职"电脑维修员。这个案例靠的就是能力起家。

2. 经济实力

自主创业，资金是困扰很多人的一大难题。有雄厚的经济实力做后盾，再加上合法经营，也能创业。即使自己没有足够的创业资本，也可以通过多种筹集资金的方法来创业，如政策支持、银行贷款、大众众筹等。

二、慎选行业，不熟悉的不做

创业必须要建立在熟悉的基础上，需要逐渐将不熟悉变成熟悉。创业者必须保持清醒的头脑，思考要先于行动。不要像没头苍蝇一样进入一个不熟悉的行业，没有经过全面而充分的调查就擅自行动，结果多半会失败。对于创业者来说，从熟悉的行业做起，可以避免走一些弯路。

夜华大学毕业后，一时之间找不到合适的工作，和朋友商量之后打算自己创业。

夜华听朋友说开衣服店挣钱，就想开一家衣服店。结果，在思考如何开衣服店的时候，看到一则转让衣服店的广告。夜华大喜，当即接手了这家衣服店。可是，夜华虽然对漂亮衣服非常感兴趣，但对如何经营衣服店却一无所知，顾客问她一些关于衣服搭配面料的问题，她都回答不上来。因此，生意一直很冷清。最后，每月的营业收入还不够支付铺面租金。就在她为自己的生意而心烦不已的时候，一件事改变了她的想法。

有一天，夜华在衣服店里闲坐，初中同学抱来一台电脑，着急地请她帮忙维修，因为夜华大学学的是计算机专业。夜华二话没说，就拿出自己常备的工具包，开始维修，很快就将电脑修好了。

同学非常感谢她，连声称赞她的技术，还说："你修电脑的技术这么好，而且大学学的就是这个，怎么不开个小店，专门维修电脑呢？"

夜华觉得同学说得有道理，觉得自己之所以经营不好衣服店，就是因为对衣服店的相关业务并不熟悉，既然要创业，为何不从自己熟悉的行业做起？既然掌握了修电脑的技能，开个专门维修电脑的小店不是更合适吗？夜华越想越觉得这个想法靠谱，很快结束了衣服店的经营，开了一间电脑维修店。

果然，因为技术精湛，还能解决别人解决不了的疑难问题，小店很快就积累了一定的名气，生意也越来越好。

从上面的案例中，我们可以看出，创业切忌自以为是，从自己不熟悉的地方下手容易出错，从最熟悉的行业做起，可以避免很多麻烦，成功率也高很多。

创业必须在稳健中寻求发展，做任何投资，都必须认真调研。自己没有了解透彻之前，千万不要仓促地做决策。许多人觉得自己创业失败是因为运气不佳，实际上，离开自己熟悉的领域，把手伸到热门领域中，幻想"一夜暴富"，完全不切实际。许多人看到淘宝店销售前景好就跟风在网上开店，想当然地觉得自己有实力做服装生意，但是等到真正开起店面后，才发现什么都不懂，尺码到底如何划分，当下什么款式最流行……这怎能赚到钱？

生意本身没有好坏之分，只有适不适合，把不做不熟悉的生意理解为因循守旧、故步自封就大错特错了。不管从事任何行业，如果想掌握其中的规律和要领，都要花费大量的时间和精力。

1. 选择熟悉的行业，可以节省摸索时间，缩短行业之间的距离

在资本不够充足、实力没有足够强大的情况下，最好不要轻易开发新领域或新产品。因为新事物的发展都有一个过程，需要经过一定的磨合期，才能被社会大众了解与接受。而且，即使花费众多人力、物力和财力来开发新产品，也无法知道市场占有率究竟如何。

2. 做自己熟悉的生意，就会表现得得心应手

因为对各方面的知识与业务都了解，做起来的时候就会驾轻就熟。即使是刚刚开业，创业者也好像依旧在做原来的工作，仅仅是换了一个工作环境及身份而已。此外，从自己熟悉的行业开始做，之前积累的知识、经验和人脉都能用得上，比较容易站稳脚跟。只有站稳脚跟，才能逐步发展起来，继而逐渐扩展经营范围。

每种生意都有自己的独特之处，每个行业也有自己的规则与规律，不熟悉一个行业，贸然进入，就像是进入一条黑暗的小路，容易失去自己的方向。特别是在市场竞争激烈的情况下，即使是从业多年的老手，也需要付出很多努力，才能存活下来，何况是一个外行人？

三、从小事做起

做事的时候，很多人只想做大事，不愿意或不屑于做小事；想做大事的人太多，愿意把小事做好的人却非常少。创业同样存在这个问题！其实，不管从事哪个行业，都需要注重细节，从小事做起。不愿意做小事的创业者，是不可能取得成功的。

加藤信三是日本狮王牙刷公司的一名员工，有一次为了赶去上班，加藤信三急着刷牙，致使牙龈出血。他感到很生气，气呼呼地去上班，一路上都没有平息怒火。到了公司后，加藤信三和关系不错的同事提到这件事，并相约一起来解决刷牙容易伤及牙龈的问题。

他们想了很多办法，如把牙刷毛改为柔软的狸毛，使用牙刷前先用热水把牙刷泡软，多用些牙膏，放慢刷牙速度等，但效果都不太理想。后来，他们进一步检查牙刷毛，在放大镜底下发现，牙刷毛顶端是四方形的。于是决定，将它改成圆形的。

实验取得成效后，加藤信三正式向公司提出了改变牙刷毛形状的建议，公司领导同意了这个建议，把牙刷毛的顶端改成了圆形。改进后的狮王牌牙刷，销路极好，销量直线上升，加藤信三也由普通职员晋升为科长，十几年后成为公司的董事长。

在这个案例中，刷牙就是一件小事，可是加藤信三却从中发现了问题，继而想办法来解决，为公司创造了效益。设想，如果加藤信三对于刷牙这样的小事不重视，或者放在一边不管，也就没有后面的事情了。由此可见，小事确实是成就大事的阶梯。

西方神话中有个故事是关于西西弗斯的：西西弗斯因为犯了错被宙斯惩罚，需要将一块大石头推到山顶。而当西西弗斯把石头推到山顶的时候，石头又会重新滚到山脚去，这样他又不得不重新将石头推到山顶……推石头本来是件非常简单的事，但当他把一块石头推到永恒的时候，大家便都知道了他，他也就成了永恒的故事。

假如西西弗斯把推石头作为一种惩罚，他就会非常难过。每天都心怀不满，必然会影响到工作。发现一件事情，能把它从小事做成事业，并坚持做下去，就会由一个动作变成一尊雕塑。这就是小事的魅力所在。

有个服务员，他的服务让人如沐春风，受到很多顾客的赞赏。后来，积累了一定的资金和经验后，他开了一家自己的餐饮公司。他的服务给人们留下了深刻的印象，结果公司很快打出了知名度。英国的政治家与富翁经常要开私人 party，只要开 party，不论多远，都会专程接他及他的团队来做饭。

同时，这个人也非常有商业头脑。他利用餐饮公司的知名度开了一家餐饮学校，之后带着自己的弟子，到全世界各个地方，承包了最昂贵、最有品位的宴会餐饮服务。最后，为了满足工作需要，还买了一架波音 737 飞机，飞到世界各地去帮人做饭。

一个人能够从服务员变成买得起飞机的亿万富翁，这简直就是个奇迹。其实，他之所以能够取得现在的成就，就是因为自己做了一件件的小事罢了。

会做事的人，大多具备三个特点：第一，做事踏实，愿意从小事做起，懂得做小事才是成大事的基础；第二，目光长远，心中有目标，了解自己要做的事情，知道把所做的小事积累起来最后的结果是什么；第三，有梦想，能够持之以恒，能为了将来的目标坚持把小事做好。

任何事情的成功都是由小事积累起来的，不在意小事，只将目光盯在大事上，终究会一事无成。一定要记住：创业的成功都是由一件件的小事积累起来的。

四、慎赶热门

很多想创业的人都产生过这样的困惑，不知道自己应该做什么生意：搞零售，如今大卖场越来越火爆，小草根本就敌不过大树；做传统服务业，大型上市公司早已占得了商机，自己无法插进去。

综观市场，创业失败的投资者往往都带着一个通病，那就是赶"热门"，看到别人做什么获得了可观的利润，也要跟风去做，但是成功的投资者绝对不会去赶"热门"，他们会留意那些市场需要或某种潜在需要却又没有做的事情。

不断思考，动脑子研究人们生活中需要什么，有哪些不便，可不可以通过某种服务或是产品解决人们生活不便的问题，就是"难点就是市场"的道理。

爱得乐是广东著名商标，专做摩托车的尾箱和头盔。别看爱得乐只是广东顺德均安镇中线公路旁一个不起眼的小厂子，却是世界上最大的摩托车尾箱、头盔生产基地。在高峰时，爱得乐生产的摩托车尾箱曾经占有90%以上的市场份额，处于绝对垄断的地位。

爱得乐集团起家于塑料厂，20世纪90年代国内摩托车普及率比较低，除了少数的国外品牌外，许多摩托车不配置尾箱。这是因为对于国内消费者来说，摩托车的大部分功能是载运人或货物，在后面加上一个大尾箱，会缩减载货空间。但是，罗雄等去欧洲考察时发现，在国外摩托车已经不再是载货的工具，而是一种年轻人喜欢的产品，变得更加时尚化与个性化。当时，对国内消费者来说，谈时尚化与个性化还不太可能，但是摩托车却会成为服务家庭的交通工具，能够容纳东西的摩托车尾箱的需求量必然会大增。

爱得乐当时给自己制定了两个原则：一是要做就做别人不做的冷门，没人做才有商机，连打扫卫生的阿姨都在谈炒股，炒股票肯定不容易赚到钱。二是要做市场需求量大的，当时国内没人愿意做摩托车尾箱，因为大企业不屑做这样的小产品，而小企业还没有意识到这个市场，没有发现其潜在的市场需求。

市场不成熟时，发现一个市场常常意味着看见了成功的曙光。1996年，爱得乐摩托车尾箱在几乎没有竞争者的情况下轻轻松松地占领了整个市场。也就是在那个时候，对于摩托车的使用者来说，"爱得乐"尾箱和头盔产生了密不可分的联系。爱得乐从无到有、一步步地谋求生存，发展为如今的规模。

之后，各地小厂家看到了爱得乐的良好发展势头，纷纷挤入生产行列，结果出现了大量的假冒伪劣产品。那时，由于没有统一的行业标准，爱得乐的产品优势也无法得到体现。比如，尽管交通部门规定驾驶摩托车必须戴头盔，但是对所戴头盔的质量却没有明确限定，即使价格很低的头盔也是符合规定的。在这样的大环境下，行业的平均利润率从原来的30%变到7%。而且，各大城市还逐渐开始限制摩托车的发展，摩托车配套产品的需求受到了抑制，小工厂也因为政策限制和恶性竞争而纷纷倒闭。

很多人做生意喜欢凑热闹，看到做什么能获得利润，就想跟着做；看到市面上什么生意火了，就想做什么。所以，满大街都是房产中介，满大街都是麻辣香锅、重庆火锅。但是，随着竞争者的慢慢加入，行业的平均利润势必会一路走低，热门生意也会随着顾客兴趣的转变而走下坡路。

做冷门生意，想要成功，就要具备独到的见解，不人云亦云，多考察市场，把目标放在大公司不愿意或不能插足的行业上。例如，淮南某地适合柑橘生长，人们纷纷栽种柑橘。可是，就在人们都去种柑橘的时候，有个农民却做起了装柑橘的果箱生意。柑橘成熟，需要装箱打包，需要量足够大，农民的年收入居然是水果经销收入的好几倍。

由此可见，做冷门生意，竞争比较少，又能自主定价，还能轻易地打开市场，很容易成功。只要不断地深入研究分析人们的消费需要，观察人们的潜在及特殊需求，迎合了这些需求，就能把冷门的生意做起来。

这里给大家介绍几个例子：

1. 免墨彩色水写纸

目前，市场上练毛笔字主要用宣纸，而且要用毛笔蘸墨来写字。宣纸不能重复使用，浪费纸张，同时小孩在练字时容易将墨弄到衣服上。而这种产品以水代墨，可以反复使用，既环保又经济。

2. 多功能电子手杖

随着中国社会老龄化的到来，老年用品市场显示出了巨大的商机。老年人户外活动遇到身体及其他原因出现意外情况时，如不及时求助，后果不堪设想。为了解决这个问题，可以设计一款多功能电子手杖，同时配备其他功能，给老年人出行带来便利。

3. 新型软呼啦圈

玩呼啦圈既是一种体育运动又是一种技巧运动，被大众熟知和喜爱。如果能够生产出一种由天然橡胶制成的呼啦圈，就是不错的点子。其柔软且有弹性，在使用过程中，由于离心力的作用，圈体与身体的接触面积更大，可以加强对身体的按摩；可以自由调节大小，购买一个可全家人使用，实际使用成本比普通呼啦圈还要低很多，容易被消费者所接受。

五、创业产品策划

我的一个学员，在一家主要销售软件的公司担任营销总监（我们就叫他张总）。可是，最近几年利润不断下降，市场份额也越来越小，订单不断被竞争对手抢占。

课后，张总找到我，希望我能给他出出主意。之后，我们的对话就在饭局里展开。

我："张总，请说说你最大的困惑？"

张总："梁老师，现在订单太难做了，虽然我们的软件功能比较全面、强大，但全套软件的价格约 22 万元。现在企业发展环境不太好，人们都不太愿意出 20 多万元购买一套客户关系管理软件。而且，我们的系统即使是分模块卖，也要 4.5 万元，现在市场上便宜的客户关系管理软件则是 2 万~5 万元。我们最大的竞争对手亿客公司的客户关系管理系统功能跟我们差不多，但他们有一个非常完善的 CRM 系统，深受大中型企业欢迎，他们占有的市场份额越来越大。同时，亿客公司还做财务管理软件、人力资源管理软件等，他们本来就拥有大量的企业客户，所以我们开发市场非常难，希望梁老师帮我出出主意。"

我："那些小软件公司给你带来的最大竞争压力是什么？他们是怎么抢走你的市场的？"

张总："那些中小企业，他们大多数的客户关系管理工作没有系统化，比较简单粗放，也没体验过软件给他们带来的便利，暂时也不需要这么强大的软件帮助他们管理工作，所以他们不太愿意掏钱购买我们的软件，他们的价格只需要 3000 ~ 50000 元。结果，这些小公司基本上把我们的中小企业的市场占领完毕。"

我："你刚才提到，你的软件也可以单模块的卖，对吧？"

张总："是的，但这样我们基本上没赚什么钱。"

我："但是，这些中小企业，在未来 3 ~ 5 年，有没有可能成为你的大客户？"

张总："很有可能，所有我们很想占有这块市场，但不能亏钱。"

我："很好，竞争对手亿客公司，它是怎么操作的呢？"

张总："亿客亚太是本土最大的管理软件之一，品牌比我们响，做的企业管理软件比较广，如 ERP 软件、集团管理软件、小型企业管理软件、财政及行政事业单位管理软件等，拥有大量的客户资源，比我们占有优势，而且是上市公司……但是，客户关系管理软件非常贵，大约 22 万元，还不包括在线学习和 CRM 模块。在线学习模块约 5 万元，CRM 模块约 20 万元。他们是作为专业软件分开单独销售，整套加起来近 50 万元；而且升级要收费，需要操作用户另外购买。我们在线学习和 CRM 模块的功能比亿客稍差一点，是捆绑在人力资源系统软件里一起销售的，价格上我们占优势。"

我："我大概明白什么情况了。做营销，不能为卖产品而卖产品，不能为卖软件而卖软件；很多手机厂商为卖手机而卖手机，是赚不到钱的。你不能单纯卖软件，就像苹果公司的产品，不会只单纯卖电脑或手机。比如，你买了苹果手机，并不等于你拥有了它的所有使用权，是不是这样子？"

张总："不太明白……"

我："我前年买了个 iPad2，以为可以像电脑一样能够随便玩、随便用。可是，买回来才知道：想玩游戏？不好意思，请买软件！要办公？请买软件，而且是美元。你还觉得苹果公司是单纯靠卖你一台 iPad 或一部 iPhone 手机赚钱吗？不是！软件、配件才是最赚钱的，它让你掏了一次又一次钱。而且，不管是 iPad，还是 iPhone，都在不断升级，一年换代 3 次、4 次；如今，软件升级更快了，不到一个月一次，追求时尚、完美的粉丝只能永远围着它转，不断向它掏钱。"

张总："对，是这样。"

我："不仅苹果公司这么干，盖茨也是这么干的。公司电脑的系统升级了一次又一次，而且是不得不升级。就拿 Office 来说，以前大家都用 Office 2003，可是现在大家都装 Office 2007 了，连 Office 2010 都出来了。如果还用 Office 2003，就打不开别人发给你的文件，不兼容，读不了 Office 2007，读不了 Office 2010。将来，Office 2007 一定也打不开未来的 Office 2012 或者 Office 2013……它就是逼着你不断升级，不断换代，不断掏钱……除非你用盗版，但有一天你可能被微软公司黑了；如果是企业，还可能收到律师函。微软公司推出过试用版本软件，试用到期，就弹出个窗口'你的试用期已到，请购买……'，就是逼着你购买它永远不是最新版的软件……"

张总："我们中国人似乎太厚道了，不吃它这一套。但不可否认，我们辛苦赚的钱总是不经意间又跑到他们口袋里了，我们却还在不断地向别人炫耀：看，我装的是最新版本。不是吗？"

我："张总，你是要企业不断壮大、赚钱呢，还是要做一个中庸厚道的企业？"

张总："当然是要赚钱！"

我："OK！那你就得有自己的子弹头产品，你的撒手锏。其实，iPad 和 iPhone 在美国是不太赚钱的，在美国本土也就售价 200～400 美元，他们靠的是后端赚钱；只有在发展中国家，靠这些硬件赚钱。按照中国的模仿速度，苹果靠硬件赚钱的钱，比例会大幅度下降。他现在做的是控制高端消费市场，努力赚后端的钱"。

张总："梁老师，你意思是说，我们也需要一个主打产品，先占领市场，然后在后端赚钱？"

我："没错，你必须这么干，你的竞争对手亿客公司也是这么干的，不是吗？否则，你只能等死！"

张总："梁老师，那你觉得，我们应该拿什么做子弹头产品呢？"

我："子弹头产品可以从这几个方面考虑：①客户最迫切需要的，能帮客户立即解决问题的产品，最容易成为子弹头产品；②方便后台不断升级或能开展后端营销的产品；③是你的优势产品，是让客户无法拒绝的产品；④不是以盈利为目标，要以获取客户资源为目标。比如，大多数的中小企业购买客户关系管理软件时，只考虑买先销售和售后管理模块，而这个模块你比别人做得好，就可以把它当作子弹头产品，可以把这个模块免费送给他。

张总："那我们不是亏大了？"

我："会亏吗？你可以跟客户这么说：某某经理，贵企刚好是我们公司第1万名客户，我们公司决定免费赠送你这套市场上最强大、价值5万元的顾客关系管理软件，而且为你提供一年的服务，你只要为我们的工程师上门实施软件和辅导支付费用就行，工程师上门实施辅导费用大约250元/人，我们会派2个人上门实施辅导10个工作日，共计5000元，某某经理，你看如何？"

张总："嗯，这种情况下，他们一般无法拒绝！"

我："对啊，先让他们踏进这个门槛，让他们先接受你的产品和服务，然后利用承诺一致的原则，就可以收取服务费，工程师上门服务的时候，就可以持续地向他们推介你的升级服务，销售你的其他模块。你的培训服务、你的软件开发服务、你的硬件设施、这些都是你的后端利润。"

张总："明白了！"

我："我再给你出一个主意，可以把你的子弹头产品交给代理商和合作商，让他们帮你销售。按我们刚才说的方法，免费送给客户，只要收上门实施费用即可。费用全部让给代理商，你连实施工程师都不用养了，只要把焦点放在软件研发升级和后端营销上即可。"

张总："太棒了，梁老师，我们就这么干！"

后来，这个学员告诉我，回去后他就给各业务经理分析客户资源，下达销售任务，仅1个月就送出了237套软件。每套软件实施费用5000元，他的软件实施行程已经排到3个月后了，工程师实在无法应付，他只能把子弹头产品外包出去。

从这个案例中，你有什么样的收获呢？项目与产品的策划需要遵循以下几个原则：

1. 必须是大众生活必需的产品

可以做一些传统项目与产品，项目不怕老，只要比同行做得有特色一些、好一些就行。

追求新奇特，寻找市场的空白，做他人不做的东西，我们将之称为创造需求。创造需求，开发新的项目或新产品，不是创业初期就能做到，而是成功企业、大型企业才会做的事情。

2. 项目及产品的市场规模必须足够大

所谓市场规模就是，企业项目或产品是否具有较大的销售空间、足够多的消费人群、足够大的地域空间。只有规模及量足够大，才能获利。如果项目不大，是小产品，就要保证足够的规模和数量。

3. 不要选市场上还没有出现的产品

虽然我们在前面提到要善于去发现市场的空白，但是不意味着我们要盲目选择市场从来没有出现的产品。没有充足的资金及团队，最好选择市场上销售比较好的产品，这样你才能保证你的商品100%有市场需求，才能最大限度地降低风险，比同行更有销售门路，就能获得利润！

4. 选择利润高的产品来销售

这里提到的高利润，指的是利润至少超过 1 倍。如此，付出相同的努力，就能赚到更多的钱。与此同时，在高利润的支持下，才能更好地拓展客户，让促销及维护老客户等环节有更大的空间。利润非常低的产品，做起来会非常被动，还费力不讨好。一句话，宁愿做销售 200 元赚 100 元的产品，也不做销售 1000 元赚 300 元的产品。

5. 没有稳固的后端，努力都会付诸东流

一个生意多半的利润是源于后端，没有稳固的后端，即使花了大量的成本及精力拉来客户，建立起信任，最终也会付诸东流，还得继续寻找客户。因此，选择产品的时候，一定要选择可以持续性消费或后端升级互补消费的产品与项目。但是，如果一单下来可以吃 3 年，也未尝不可，否则最好不要做这样的生意。

第四课　创业前期系列策划

一、"名"不正，则"钱"不顺

相信每个创业者都有这样的经历：开始时总是觉得自己一定能为自己的产品想个完美的名字，在整个过程中绞尽脑汁，用尽毕生所学。但是现实往往是：最后期限马上就要到了，想的几百个名字都没有达到自己的预期，总是觉得可能差点什么，但又不知道哪儿出了问题，最后只能胡乱选择一个。

好的名字能够以最快的速度、更低成本打开市场，留在人们的记忆深处，最终成为一个强势品牌。其实，在创业前期，很重要的一件事就是为你的产品命名。

为了取得一个好名字，周源带领团队想了很长时间。开始的时候，大家都希望找到一个完美的名字，可是实现这个目标的过程却非常不容易。

开始的时候，他们将思维集中在"问"和"答"上，围绕这两个字，想了上百个名字，如问事儿、提问题、大声问等，它的立意是鼓励大家提问题。不过，这些名字都有点不痛不痒，缺少兴奋点。虽然也设定了一个最后期限，然后强行对所有的名字进行打分排序，但依然没有取得理想的结果。

某天下午，周源在北京三里屯吃饭，手机上收到团队成员的一条短信："如果围绕'知之'这俩字呢?"几分钟后，第二条短信又跳了进来："知乎者.com?"这个名字在周源的大脑里盘旋了几小时后，他给所有人发了一条短信，上面只有两个字"知乎"，于是最后确认公司名字定为"知乎"。

知乎就是这么来的。

为企业或产品取名字的时候，很多创业者会经历上面的过程。为了取得一个理想的名字，大家冥思苦想，查阅资料，但是依然很零散，系统性不强。

所谓名字就是，通过不同的媒介（语言、文字、图像）告知他人，让他人能够与其认知进行关联；名字的存在必须通过媒介才能告知他人，之后他人会自动将该名字与他认知中名字背后的东西进行关联。比如，在公开场合自我介绍：我们的公司名字叫知乎，是一家为客户解答问题的平台，很高兴认识大家。于是，在对方的认知中，就会本能地进行联系：知乎=他的认知（能够回答客户问题，客户可以在上面发布问题)。好的名字容易让用户调动大脑的认知，加深对公司的了解。

所谓的好名字，通常具有下面两个特点：

1. 容易记忆，能保持长时间记忆

大多数人有背英语单词的经历，往往会得出这样的经验：死记硬背很痛苦，有两种类型的名字却容易记住：

（1）本身就很简单，字母数很少，如 you、fine、ash，这种单词只要看一次基本就能记住。所以，很多品牌是以这样的方式命名，尽可能使用较少的字数，如"陌陌""转转""QQ""YY"，都只用到一个单字。

（2）能够与其他认知创造关联的。创造关联的方式有很多种，如 pregnant，怀孕，发音是"'pregnənt"，可以关联成"扑来个男的"，一下就记住了。或者知道了 bug 这个单词，de-的前缀代表减少，那么 debug 这个词不用背就能记住。所以，为了方便记忆，很多品牌就在名字上创造了关联，尤其是使用具象形象，如"QQ"担心你连一个Q都记不住，就用了企鹅做关联，现在变成，人们一看到企鹅，第一反应可能不是动物，而"QQ"。"去哪儿"用骆驼做关联，"携程"用海豚。很多时候，通过具体化的形象就能想起其名字，这也是为什么很多品牌形象要么是动物派、要么是植物派了。

2. 名字对象背后的价值明晰

仅记住这个名字对于一个产品来说没有什么意义，名字必须在某些时候被重新唤起才会有价值。比如，淘宝名字来源于阿里巴巴的故事，马云致力于打造全中国中小企业的电商平台，让人们在网上随时随地买到自己想要的东西。

当然，名字背后价值的打造只靠名字是不够的，企业所做的一切营销活动都是为了强化其名字背后的价值和定位，如果名字无法传递出或者覆盖其传递的价值，就会出现很多问题。

完美的名字必须兼具提供的差异化价值（辨识度）和提供的功能性价值，但是事实却是，所有的名字都是在差异化价值和功能性价值之间做平衡。过于强调差异化价值，必然会弱化功能性价值；反之亦然。一定要记住：人的认知是有限的，名字的字数也是有限的，简单的东西往往最复杂，如何来做之间的平衡？需要从头思考、设计一个名字，找到平衡。

二、设计一个优秀的徽标

LOGO常常作为公司或品牌的标识出现，发挥着非常重要的作用。设计精良的LOGO，不仅可以很好地树立公司形象，还可以传达丰富的产品信息。

公司LOGO的设计体现着一个企业的文化内蕴和精神面貌，一旦LOGO

深入人心，任何与之相似的元素都会让人联想到那个LOGO。如此，它就成功了。如果品牌LOGO设计得不够简洁美观，就不能成功抓住消费者的眼球，或是让消费者对产品误解。

2013年3月30日，电商巨头京东高调地更换域名、LOGO和VI系统，随之一只名为"Joy"的金属小狗也空降互联网。它拥有独特的造型、金属的质感，让人眼前一亮，在互联网上掀起了阵阵热议。

京东新形象及吉祥物Joy由180 China的创意团队设计完成，共花费了一个多月的时间。在不同的设计方案中，为什么会选择一只小狗作为吉祥物呢？"Joy"是怎样诞生的？

选择"小狗"作为京东形象，并非偶然。一次，京东总裁刘强东去同学家里做客，看到客厅里一个欧洲进口的吊顶灯，整个吊灯是金属质感，有独特的金属光泽，站在某个角度看，很像一只金属小狗。回到公司后，他将小狗吉祥物的想法分享给京东高层，而小狗又有着忠诚、友善的美好寓意，与电商希望传达的理念一致，于是以"狗"为原型的设计想法，在京东内部一致通过。

180 China创意团队，在接到为京东设计一只小狗的任务后，进行了详细的讨论。在最初的设计草图中，团队设计了许多小狗形象，但是如何设计出一只独特的、有个性的小狗是创意团队面临的第一大挑战。

180 China创意总监认为，小狗作为电商的吉祥物，应该十分贴心。小狗象征着友好、正直、忠诚、友善，必须将这些寓意融入设计的每个细节中，每个细节都要简洁、有代表性，要能体现出京东的电商形象与文化。经过大家的一致努力，于是一只身体前倾、嘴角微微上扬、温顺亲切又透着俏皮的小狗形象就成型了。

在确定了"小狗"的形象后，创作团队还想将其做得另类并讨喜一些？他们在小狗的材质上做文章，电商行业高速及时的工作效率及互联网的科技感成为这只小狗材质的集中表现，出于这样的考虑，材质便确定用一种略带时尚感、科技感的金属——"钛金"，并为这只钛金小狗取名为"Joy"，寓意京东"为用户带来快乐体验"，吉祥物 Joy 的形象初步诞生。

然而，创作团队对 Joy 的形象还不满意。最初的 Joy 是 2D 的小狗形象，看上去比较死板，没有灵活俏皮的感觉。团队经过反复讨论，打算将 Joy 设计得更好看、更生动，将这只 2D 钛金小狗转换成 3D 的形象。之后，他们吸取了伦敦奥运会吉祥物的创意灵感——只有一只眼睛的金属机器人文洛克，并邀请它的后期制作团队为 Joy 完善了 3D 造型。

180 China 在完善京东吉祥物 Joy 的同时，结合京东更换短域名的契机，秉承京东简单、快速、可信赖、快乐的品牌形象，设计出了全新的京东 LOGO。由此，一个崭新的京东形象，展现在了广大消费者眼前。

LOGO 设计作为相关企业或产品的标识类设计，可以有效地为广大用户和消费者提供最佳的辨识性，尤其是对于不同企业的品牌产品来说，对其品牌产品进行专业化的品牌 LOGO 设计更显得非常重要。

优秀的品牌 LOGO 一般都个性鲜明，视觉冲击力强，便于识别、记忆，有引导、促进消费的作用，可以产生美好的联想，有利于在众多的商品中脱颖而出。LOGO 设计是消费者认识品牌的开端，有没有记忆点，有没有兴趣，有没有消费欲，LOGO 的第一印象、第一感觉是否具有吸引力，往往起到决定性作用。

公司 LOGO 如果设计得够出色，消费者就会将情感转移到该公司的产品或 LOGO 上，使 LOGO 成为联系品牌与目标观众的情感媒介。

LOGO 是公司品牌的总称，也是视觉上的提示，传达了品牌文化、行动和价值观，更诉说了品牌故事。消费者看到企业 LOGO 时，企业只有短短几秒钟的时间来诉说自己的品牌故事，如此打造高效的 LOGO 也就成了新兴企业推广品牌时的一大挑战。

（一）LOGO 带给企业的好处

LOGO 对于企业的影响，主要体现在这样几个方面：

1. 提升竞争力和品牌形象

LOGO 是推广品牌的基本要素之一，也是营销计划的一部分。成功的创业家都致力于品牌战略的建立，会打造出坚强的品牌。今天，市场竞争日益激烈，提供大量的类似商品和服务，严密思考塑造品牌的每一步，是非常必要的。

2. 打造企业好形象

LOGO 是推广品牌的基石，有了 LOGO，就能更轻易地营造企业形象。在设计公司名片、信封、信笺时，可以把 LOGO 摆在宣传资料、文具、包装和标牌上。令人耳目一新的设计，传达给客户的是你对你的品牌、产品、网站或博客的用心。

3. 为产品与服务刻画印记

大部分人的视觉冲击力比听觉更强，人们通常会记得他们所见，而非所听，因此视觉记忆的效果比听觉更佳。精致的图标、字体和颜色的完美搭配所设计出的 LOGO 更能随着企业的成长而历久弥新、永垂不朽。客户对品牌的识别和熟悉度是使企业持续茁壮的抽象要素之一，而你的 LOGO 正是实现该任务的利器。

4. LOGO 是网络营销必备

创业必须与时代同步，而互联网营销是当代趋势，与客户建立的社交网络群体、电子邮件往来和网站登录页面等都是营销计划的要点，因此把 LOGO 放在网站上或电子邮件的签名，都是能加深客户对品牌印象的好方法之一。此外，在你的网站上创建网站图标也是不容忽视的细节（出现在域名前，浏览器左侧的小图标）。当访问者将你的网站标记为书签时，这个小图标就会显示于浏览器左侧，访问者每次往返网站都会看得到，一次又一次地在用户脑海中刻画出深刻印象。

5. LOGO 能创造规模与信誉

有了完整的营销计划，包括各种推广材料与方案，再添加一个 LOGO，就能为企业塑造规模与完整的形象。公司 LOGO 会在客户心中产生可信赖度和稳定性，使得品牌更受客户青睐。

（二）LOGO 应具备的特征

规范的 LOGO 通常都有着下面几个特征：

1. 识别性

识别性是企业 LOGO 的重要功能之一，市场经济体制下，竞争不断加剧，公众面对的信息纷繁复杂，各种 LOGO 商标符号更是数不胜数，只有特点鲜明、容易辨认和记忆、含义深刻、造型优美的 LOGO，才能在同业中凸显出来，才能区别于其他企业、产品或服务，使受众对企业留下深刻印象，提升 LOGO 设计的重要性。

2. 领导性

LOGO 是企业视觉传达要素的核心，也是企业开展信息传播的主导力量。在视觉识别系统中，LOGO 的造型、色彩、应用方式，直接决定了其他识别要素的形式。其他要素的建立，都是围绕 LOGO 为中心而展开的，是企业经营理念和活动的集中体现，贯穿在企业所有的经营活动中，具有权威性的领导作用。

3. 同一性

LOGO 代表了企业的经营理念、文化特色、价值取向，反映了企业的产业特点、经营思路，是企业精神的具体象征。只做表面形式工作的 LOGO，也就失去了 LOGO 本身的意义，甚至会给企业形象造成负面影响。

4. 涵盖性

随着企业经营和信息的不断传播，LOGO 所代表的内涵日渐丰富，大众有可能会把企业的经营活动、广告宣传文化建设公益活动和企业 LOGO 联系起来。经过日积月累，当客户再次见到 LOGO 时，就会联想到曾经购买的产品、曾经受到的服务，从而将企业与客户联系起来，成为连接企业与客户的桥梁。

三、准确定位目标市场

有个学生公寓的营销项目，老板是位女士，投资额前后约 20 万元。学生公寓有 3 名专职营业员，20 个房间，主要面对周边学校的学生，日租金 60 元，钟点价格 4 小时 40 元，房间配置电视、宽带、热水器、电脑。

由于刚开业，基本设施比较新，干净卫生。面临的困境是，学生周末出来租住的比较多，且大多是情侣，平时的人就比较少了。月租和钟点很少，绝大部分是日租。而周边同样规模的公寓，月营业额都能达到 3 万元，但是这位女老板每月只有 1000 元左右的盈利，与投资之前的预期相差近 10 倍。

确定了目标消费群后，女老板进行了一系列整改，首先是广告语，其次是产品本身，最重要的是她意识到了前后端这个概念，虽然自己没接触过这些概念，却将引流和追销两个方法运用得如鱼得水。她觉得，只要留住了学生情侣的心，也就留住了钱。女老板想了一句广告语："如果一生只有一次情人的回忆，我只想留在深情公寓。"

首先，房间布置得很温馨，完全不同于一般酒店或公寓千篇一律的白墙白被，如在房间贴上墙纸挂画、安装五彩 LED 魔幻灯、小蜡烛、珠帘等。

其次，取消房间的统一定价，分为三个价位：贵宾房 80 元、标准房 60 元、经济房 40 元；取消冰冷的房间号，给各房间取个很温馨有趣的名字，如一生一世、爱不可说、情到深处等；制作一些透明塑料夹板，用来更新放置打印纸，写上温情话语，放在每间房桌上……

最后，采用手机短信营销，具体方式是：

第一步：如果学生是第一次光临，结账时，服务员告诉学生："您今天的运气太好了，获赠免费租住一天，一周内有效。"可想而知，这种意外会给学生带来多大的惊喜？然后，服务员会登记学生资料，最重要的是手机号码，要求学生需要凭借手机号码的后四位作为消费号码。

第二步：如果该学生确实在一周内来租住，为他提供完全免费服务。接着，再告诉学生："您现在已经是我们的老客户了，有一个珍贵的合作机会，每介绍一个新客户您就可以获得一天的免费服务。"又是免费？没有谁会拒绝。但是什么样的客户才算新客户？以登记的客户手机号为准，如果没有记录，就是新客户。最后，服务员会当场给该学生发送一条短信，短信上有该学生的手机号后四位作为介绍号码，要求学生当场群发给那些朋友。只要该学生的那些朋友到公寓消费出示该短信，就会计入该学生的介绍推广成果。在该朋友入住时，服务员也会发送一条短信给该学生，通知该学生所获得的累计免费天数。

第三步：在接下来的一段时间里，服务员会按隔三岔五地发送手机短信，生日、节日等促销信息。有时是好玩的笑话，有时是励志的名言。

第四步：对每位新客户循环使用这个流程。

案例中的女老板将学生情侣作为目标客户，采用一系列营销方法，才取得了理想的效果。通过这个案例可以发现，创业的成功，目标市场的锁定是多么重要。

（一）确定目标市场时遵循的原则

市场细分是确定目标市场的基础。在市场细分的基础上，企业不管采取什么策略，无论选择几个细分市场，都要确定最具潜力的目标市场，如此才能为自己带来最大利润。因此，在确定目标市场时，应该遵循以下三个原则：

1. 保证企业获得足够的经济效益

消费者数量是企业利润的来源之一，为了获得足够的经济效益，定位目标市场时，就要将目标市场确定得足够大。美国的 "丽" （Lee） 牌牛仔裤就把目标市场对准占人口比例较大的那部分 "婴儿高峰期" 的消费者群体，成功地扩大了品牌的市场占有率。

在 20 世纪六七十年代，丽牌牛仔裤以 15~24 岁的年轻人为目标市场。因为这个年龄段的人正是在 "婴儿高峰期" 出生，在整个人口中占有相当大的比例。

到 20 世纪 80 年代初，昔日 "婴儿高峰期" 的年轻人已经步入中青年阶段，新一代年轻人在人口数量上已大大少于昔日年轻人。

为了提高市场占有率，在 20 世纪 80 年代末，丽牌牛仔裤又将其目标对准 25~44 岁年龄段的消费者群体，即依然是 "婴儿高峰期" 一代。为了适应这一目标市场的变化，厂商改进了原有产品，使其正好适合中青年消费者的体形。结果，90 年代初，该品牌牛仔裤在中青年市场上的份额上升了 20%，销售量增长了 17%。

2. 竞争对手尚未满足的、可能属于自己的市场

日本 "本田" 公司在向美国消费者推销其汽车时，遵循这一原则，成功地选择了自己的目标市场。

同 "奔驰" "奥迪" "富豪" 等高级轿车相比，本田汽车不仅价格较低，

还节能省油，足以超越竞争对手。可是，"本田"公司没有这样做。根据"本田"的预测：20 世纪 80 年代末、90 年代初，年轻消费者可以随意支配的收入将越来越多，涉足高级轿车市场的年轻人也将越来越多。与其同数家公司争夺一个已被瓜分的市场，不如开辟一个尚未被竞争对手重视的市场：将要富裕起来的中青年消费者市场。于是，本田果断寻找自己的目标市场，将客户群确定在了年轻消费者身上。

3. 最可能对本品牌提供的好处作出肯定反应

如果选择的目标市场很大，但该市场的消费者对你的品牌不感兴趣，依然无法获得丰厚的利润。例如，在 20 世纪 70 年代中期，德国"宝马"牌汽车在美国市场上将目标对准高收入者阶层。调查却发现，该细分市场的消费者不但不喜欢，甚至还嘲笑"宝马"说："宝马"像个大箱子，既没有自动窗户，也没有皮座套，同其他车根本就无法媲美。之后，生产厂家将目标转向收入较高、充满生气、注重驾驶感受的青年市场。为吸引该市场的消费者，厂家突出宣传该车的高超性能，结果到 1978 年，该车的销售量已达到 3 万多辆，1986 年接近 10 万辆。

到 20 世纪 80 年代末、90 年代初，美国经济开始走向萧条，过去的目标消费者已经成熟，不再需要通过购买高价产品来表现自我。市场调查发现，消费者之所以喜欢"宝马"，是因为它能给驾驶人带来一种与众不同的感觉，于是厂家又将目标市场对准三种人：相信技术高的驾驶者应该驾驶好车的消费者、为了家庭和安全希望提高驾驶技术的消费者、希望以高超的驾驶技术体现个人成就的消费者。1992 年，虽然整个美国汽车市场陷入萧条，"宝马"的销售量却比 1991 年提高了 27%。

（二）确定目标市场的策略

如何来确定目标市场呢？可以使用的策略有：

1. 集中性策略

所谓集中性策略，就是以追求市场利润最大化为目标，创业不是面向整体市场，而是将主要力量集中在一个子市场上，为该市场开发具有特色的项目活动，进行广告宣传。这种策略主要适合小规模企业，成本小，能在短期内取得促销效果。

2. 无差异策略

无差异策略指的是，创业不是针对某个市场，而是面向各子市场的集合，通过一种形式在市场中推广开来。采用这种策略，需要配备强有力的促销活动，进行大量统一的广告宣传，但是活动成本比较大，时间比较长，一般适合大型企业。

3. 差异性策略

差异性策略指的是，从已细分化的市场创业，选择两个以上的子市场作为目标市场，分别向各市场提供有针对性的活动。这种策略配置的促销活动，项目在不同的子市场；而且，为了调动各个子市场消费者的消费欲望，实现实际消费行为，广告宣传应针对各自的特点有所不同。

选出目标市场后，还要依据目标市场的市场潜力和竞争环境对其进行评估。

（1）市场规模。对创业者来说，市场规模指的是创业者从目标市场所获得的业务量。

（2）发展潜力。即使是小规模的目标市场，只要具备一定的发展潜力，也是具有吸引力的；而成长中的市场，则更具魅力；如今看来获利较多、极有诱惑力的市场，很可能正在衰退之中。因此，要想明确市场发展潜力，就要多看未来的前景而非现在。

（3）服务成本。不同市场中的购买期望值不同，为不同的目标市场提供服务，成本也就不同。为了创业获得利润，市场的服务成本必须与该市场的购买水平相协调。

四、公司写字楼选址策划

随着创业热的不断升温，如今想创业的人越来越多，但开店选址是创业的关键一步。办公地点选择的好与坏，往往直接决定着创业的成败，它甚至是创业能不能赚钱的关键因素。

主城街在众人的期盼中建成后，人气极旺，带动了房租上涨。可是，就在人们都看好主城街时，王娟却转让了那里的店面，到纬一路附近，开了家服装店。

这样选择，很多人觉得风险很大，王娟当然也清楚这一点：万一经营不好，不仅房租、装修血本无归，多年辛苦打拼也全付诸东流。但王娟觉得，守着那家店很难再有什么作为，打算尝试新的发展，于是就开始在市区找店面。后来，王娟看到有一家花果摊出租。

经过仔细观察，王娟发现这个店周围 500 米范围内有市医院、省妇保、省中医院三家大医院，还有好几幢建成的、在建的写字楼，人流量比较大，都是潜在的顾客群。于是，她决定租下这个店，并把服装定位在中高档，以经营男装为主，另辟蹊径。

比较当初的门店，王娟认为各有利弊：过去的地方人气旺，同时竞争也激烈，尤其是女装，可供挑选的款式非常多，人气很旺，生意却不一定很好，而现在这里服装店不多。果不其然，她的服装店吸引了不少附近的白领。开业当天，就创造了 1 万多元的营业额。

事实证明，开店并不一定在热闹的商业街才有出路，关键是看好环境，选准定位。

选好地点，也就成功了一半。当然，创业团队选择自己的企业地点，需要多方考虑，这里有几个经验可供参考：

1. 选择交通比较便利、地理位置相对合适的地方

在第一次创业的时候，为了让创业成本降低一些，很多人会选择比较偏远的位置。但是，我的看法却与之相反。虽然比较偏远的地方确实省钱（相当便宜），但不利于营销，更不利于招聘。

也许短时间内公司内的伙伴凑合一下就行，但是就中长期的发展来说，不会跟团队凑合的同事就会离开。毕竟，每个人都有自己的底线，不要在这方面考验员工的耐受力。地理位置比较好，大家上班都不会觉得麻烦。

同时，还要考虑中午吃饭的方便。如果能在办公室吃饭就非常理想了，还能节省大家的时间，让每一分钟都变得非常有意义。此外，选择一个离高校、互联网企业集中的地方办公，对于招聘实习生和正式员工都会有帮助。

2. 选择容易创造出良好氛围的地方

人才对于一家公司来说是至关重要的，应聘者来公司面试，除了公司本身的品牌、口碑、业务及产品外，公司的位置以及地理环境也能给员工带来信心。如果面试者来公司面试，走到门口，看到公司外表不靠谱，他们愿意进去吗？虽然这样说比较极端，但对于初创公司来说，在大家都对彼此不了解的时候，第一印象非常重要。

办公室的装修并不需要花费多少钱，最重要的是要用最低的成本实现最好的效果。当然，假如已有的装修经过轻微的改造就能够为己所用就更加好了。许多创业者觉得，在办公室里摆放几张桌子、几把椅子，简单凑合一下就可以了。其实，对细节的不断追求，体验本身也是一种习惯。

关于选用写字楼还是民宅，优先考虑写字楼，但价格也要经过权衡。民宅一般要比写字楼便宜许多，舒适度也更好，因此在创业初期，民宅是非常

不错的选择。但是随着团队的不断扩大，就要尽量到写字楼里办公，整体的感觉会更好。还要注意的是，要对公司的注册地址、网费等做详细了解。

3. 初创团队可以选择各种孵化器

许多城市现在都有不一样的孵化器，这些孵化器常常可以拿到政府补贴，位置、提供的服务都很可观，成本比较低。在这里办公，前几个月都会免费，之后可以搬走；想继续在这里办公，只要缴纳一定的费用即可。在这里办公，不仅可以享受到各种便利服务，还能获得诸多的交流机会，提高创业氛围。

缺点就在于，很多团队在一起办公，状态容易浮躁，不容易静下来按照自己的节奏走。因此，在创业初期可以去孵化器，完成过渡后就要搬出来建立自己的独立办公室。

4. 抓住成本和交通等关键要素

综合几次创业选办公地点的经验，最关键的因素有两个：成本和交通。

（1）成本。包括房租、水电费、物业费等，创业的起步阶段能多节省就要多节省。但是最好不要与别人合租，更不要与正在创业的朋友合租。试想，两个人都在创业、都对成本非常敏感，看到对方的员工浪费资源，究竟该不该说？不论怎么选，结果都不尽如人意，最后定然会影响你们之间的关系。

（2）交通。开始的时候，可以跟伙伴们商量一下，能否搬到公司附近一起合租，如此大家就能节省大量的路上时间。搬到一起的另一个好处就是，公司可以花钱请个兼职保姆来统一买菜、做饭、烧水、洗碗、打扫卫生，保证创业的专注度。

此外，要尽可能选择在交通比较方便的区域，方便远离公司居住的同事。而且，这也是未来招聘的一个加分项。

麦当劳选址的 5 项标准

1. 针对目标消费群

麦当劳的目标消费群是年轻人、儿童和家庭成员，因此，在布点上，一是选择人流多的地方，二是在年轻人和儿童经常光顾的地方。

2. 着眼于今天和明天

麦当劳布点的一大原则，是一定二十年不变，所以对每家店的开与否，都要进行 3~6 个月的考察，再作决策评估。重点考察：是否与城市规划发展相符，是否会出现市政动迁和周围人口动迁，是否会进入城市规划中的红线范围。进入红线的，坚决不碰；显出衰退迹象的商圈，坚决不设点。可以选择一些有发展前途的商街和商圈，以及新辟的学院区、住宅区等。

3. 讲究醒目

麦当劳布点都选择在一楼的店堂，透过落地玻璃橱窗，让路人感受到麦当劳的餐饮文化氛围，体现其经营宗旨——方便、安全、物有所值。布点醒目，便于顾客寻找，可以将顾客吸引过来。

4. 不急于求成

黄金地段黄金市口，业主往往要价很高。当要价超过投资的心理价位时，麦当劳不会急于求成，而是先在其他地方布点。通过其他网点的成功，让"高价"路段的房产业主感到麦当劳的引进有助于提高自己的身价，之后再谈价格，重新布点。

5. 优势互补

麦当劳开"店中店"选择的东家，一般都是品牌信誉度较高的，如新安广场等。知名百货店能为麦当劳带来客源，麦当劳又能吸引年轻人逛商店，起到优势互补的作用。

五、选择合适的开业地点

现实很残酷，手里没有足够的钱，没有足够的经验，面对越来越专业的选址问题，要如何做？

法则一：跟随竞争者。

选择合适的开业地点其实并不难，一种方法就是跟随竞争对手，在其店址的附近区域内选址。

首先，确定跟随对象。进入某个区域之前，先调查一下该区域的竞争者，看看竞争者共有多少家、他们的营销额如何，继而选出和自己店面相近且成功的，作为跟随对象。当然，跟随的对象也不要仅限于一家，要多看几家。因为，任何竞争者的选址都是非常有限的，不能覆盖所有合适的商圈。

其次，以竞争者店址作为中心，向四周扩散式选址。扩散区域需要控制好，不能无限制地缩小（如在同一幢楼里、隔壁或对面）或扩大（如超出该店所在的商圈），根据自身的情况具体地对待。

最后，所选的店址一定要具有足够的市场容量。比如，如果你想开一家快餐店，就可以与洋快餐比邻开店。因为肯德基与麦当劳的选址考察论证得非常科学，对周围环境、道路交通、建筑设施、人口流量、人口结构等都会尽心定量分析……跟着他们，大部分情况不会错。

法则二：跟随业态互补者。

有些业态在经营和服务内容上是可以互补的，如果你的产品与他人互补，就可以将店开在它的附近，为顾客带来全面周到的"一条龙"服务。比如，在体育场内或周边，喜好运动的人都存在很多需求，可以为他们提供餐饮、运动服装零售、便利店或咖啡茶饮等；在旅游景点附近，可以开设餐饮、24 小时便利店、影楼、照片冲洗店、手机充电服务，纪念品零售店等。

法则三："搭车"式选址。

假如你有非常强的交际能力或有一定的人脉，就可以跟与自己的业务有联系的公司结成战略合作伙伴关系，这样不仅选址成本比较小，店址还非常有保障。例如，国内某 SPA 店与某知名连锁酒店合作，双方约定：每家连锁酒店都按照较低的价格出租一定的面积用来开设 SPA 店。这样，不仅为酒店的客人提供了方便，也给 SPA 店带来了客户，不仅解决了选址问题，还最大限度地降低了经营成本。

法则四：实地调研。

简单来说，就是亲自或派人对这块地方进行实地考察，现场发现可以用作店址的机会。具体过程是：

（1）确定重点调研区域。在调研之前必须制定一个具体、科学的路线图，以避免重复或遗漏。

（2）准备好调研工具。比如，手机、相机、纸笔、激光尺、房屋基本情况表等记录工具，带上地图及自己制定的路线图。在比较大的区域内调研，可以选择机动车，也可以使用自行车或步行。

（3）调研人员现场考察。

对于公开店址的租售信息，只要发现了，就要记录在《房屋基本情况表》中，最好可以去现场看房子或约好看房的时间。如果该地址基本符合条件，还要拍摄店内外的各种照片，让其他人也能获得感性的认识。对于非公开的符合选址标准的店址信息，则应该主动询问。询问的时候，要讲礼貌，还要注意技巧，最好直接询问该店的"一把手"；同时，不可太过张扬，以免为出租人带来不舒服的感觉。

（4）调研结束后，必须做一个完整的记录并对此进行总结，特别要认真整理《房屋基本情况表》，以便之后的审核及评估。如果是几批人分别调研，则要每天进行碰头，彼此交流信息。

（5）对所有的备选店址进行评估、谈判，直至最后签约。

法则五：找职业中介。

房地产中介大多掌握着丰富的关系网与资源，但参差不齐，既要合理利用其资源，也要谨慎对待，认真辨别，以免上当受骗。

（1）查找尽可能多的商铺中介。

（2）核实中介的实力和资信，确定准备合作的几家。正规公司，不仅经营合法，还会为客户提供很多独特的服务，如协助客户贷款、为客户提供第三方担保、协助办理租售事宜，甚至协助分析市场和商圈、规划装潢店面等。

（3）与选定的中介洽谈，告知详细的选址要求。如果选址是秘密进行的，要跟对方签一份保密协议，以免选址信息被泄露。

（4）每天由专人负责跟中介沟通，跟踪其选址信息与进度。

（5）评估并确定中介推荐的店址。

法则六：利用供应商资源。

企业的供应商也能为你的选址服务。他们一般会同时为多个竞争者提供商品或服务，掌握着同类型店的许多店址，熟悉每个店址的经营状况，能帮助你做出更精准的判断。

（1）依据经营情况，选定能够给你带来最有效果选址信息的供应商。一般情况下，门店的主营设备、主营商品或行业特定供应品供应商是最合理的对象。如果你想开一家美容院，美容设备及美容品的供应商就是最好的选择。正常情况下，要选择规模比较大、业内名声比较好的供应商。当然，也可以去对手店内实地访查，搜寻供应商信息，选择供应范围广、客户多的供应商。

（2）选定供应商后，主动与供应商取得联系。如果你向他进货，他多半会乐意向你提供店址与竞争者的信息。当然，出于职业道德，有些供应商也许不会向你提供相关的信息，甚至还会提供一些不真实的信息，这就需要认真分析和筛选了。

（3）依据供应商提供的信息，采取对应的选址方法。例如，如果供应商说，某店经营一落千丈，可以去调查一下，看看这家店是不是有转让或出售的意图；如果供应商说，某店经营状况特别好，订货量一直比较大甚至持续增加，可以调查一下这个区域的同类市场有没有饱和；如果还不饱和，开店成功率会比较大。

（4）有的供应商为了扩大自己的业务范围，会专门研究自己的商品或服务市场，因此在他们手里很可能有大量的备选地址信息。遇到这样的供应商，就更要跟他保持联系了。

第五课　创业模式策划

一、启动资金较少的创业方式

（一）小成本创业项目选择

如今，国内物价不断上涨，而工资却少有增加的。于是，很多人加入到了创业的大军，可是手头资金有限，怎么办？选择小成本创业项目。这些项目投入小、回本快、风险低，对于投资资金不足的人来说，是最佳之选。这里就给大家列举几个适合小成本的创业项目。

项目1：经营花卉苗木。

随着绿化环境的建设，苗木种植获得不断发展，不论是城市，还是农村，花卉及苗木的需求量都比较大。可以到郊区或农村租种一些土地，种植一些具有观赏和净化环境价值的花卉及苗木，然后进行销售。如今人们对精神世界的追求更加强烈，对花卉绿植的需求不断扩大，经营花卉苗木，前景定然不错。

项目2：外语培训。

外语培训市场的异常广大，虽然相关的培训机构有很多，但优质的外语培训机构却很少。如果资金不多，就可以办个培训班。

项目3：搭鹊桥。

只要仔细观察就会发现：从事房产中介的都喜欢穿西服、衬衫，从事保险的也喜欢穿西服、衬衫。可是，他们不会做衣服啊，怎么办？这里就有商机。你可以去找一家会做西装的裁缝店，跟老板谈好价格。然后，去房产中介跟店长谈谈西服定做的事宜。接着，到保险公司谈谈西服定做事宜。定做完西装后，还可以定做皮鞋、上等的鞋油……如此，不用投入多少本钱，只要投入点名片钱即可。

（二）小成本如何创业？

1. 依托成熟行业

行业成熟度高，利用现成消费群，就能够省去开拓新市场的费用和唤醒消费者的麻烦。

2. 仅满足部分人

对于中小投资者来说，在细分市场做支流业务，专注消费者的个性化需求，也是明智之举。市场规模很大，即使只是满足他们中间一小部分人的需求，也能让你吃饱。

3. 最好不要合伙

小本创业不用合作，最好自己单独做，否则很多精力都会花在业务之外的地方。

4. 不要做高新技术和市场不成熟的行业

这些行业往往看起来利润可观，门槛却很高。没有资本支持，小本创业无法坚持长久的时间。

二、启动资金较多的创业方式

如果启动资金较多，创业该选择哪些项目呢？举个简单的例子：

如果你现在只有1家或2家店，而且做得还不怎么样，多半你不会去开10家店。

你整天想的都是如何提高业绩，如何学习模式，如何规范管理、技术、流程、员工教育……一大堆问题好像永远都解决不完。

如果你有1000万元，就可以直接请人来解决这些问题。用现金流的方法来看：一家店一年做150万元的业绩，10家店就是1500万元，100家店就是1.5亿元……这就是大多数单店老板的思维！

上海有一家连锁店客户，非常擅长资源整合：他经常出资同时收购2~3家生意不好的店，收购后转让其中两家（有时转让会赔钱），保留一家地理位置最好的；然后，把其他两家店的员工合并到这家店来，这样员工就不缺了；接着，把那两家店的会员顾客集中到这家店来消费，顾客也有了。

换个思维：假如当初你和竞争对手联合起来，成立一家公司，你负责技术，他负责管理，就会省下3年的时间来研究管理，省下3年的时间来研究技术。合作之后，管理和技术都有了，再找一个营销比较擅长的老板来合作，那么技术、管理和营销也就具备了。

在资源整合的过程中，考验的是你的谈判沟通技巧和格局，斤斤计较的人是永远做不大的。当你有了10家店的时候，就要找个办公场地正式公司化经营。连锁必须公司化营运，否则做大了也会崩盘！

假如在市中心租一间 300 平方米的办公室租金要 30 万元,可以通过收取门店管理费的方法来实现;假如每家店一年的劳动业绩是 150 万元(中等偏上),10 家店就是 1500 万元,可以收取劳动业绩的 5% 来作为公司的管理费,即 75 万元管理费,拿出 30 万元来付房租,20 万元来装修,10 万元买办公设备,剩下 15 万元用作公司的备用资金。

如果你是一个有思想、有格局的老板,从 10 家店到 150 家店,只需要两年的时间。

门店升级五部曲:机制升级—品质升级—体制升级—项目升级—产业升级。

门店五化系统:价格分化—等级分化—项目分化—流程分化—利益分化—跨区域发展—整合小连锁。一个中型城市只能容纳 30~50 家店,当发展够 30 家店以后,如果还想在当地发展 20 家,就可以将这件事交给股东们去干。

如果格局足够大,两年后你的直营店就会达到 150 家,每家店一年业绩为 150 万元。缺管理,就直接找个擅长管理的老板合作;缺技术,就直接找个擅长技术的老板合作;不懂营销,就直接找个懂营销的老板合作……成功者就是不断地在自己的创业团队里加人来弥补自己的不足,不要自己天天在那里瞎研究。今天这个时代,努力可能并没有合作有用!

通过上面的分析可以发现,如果你手里确实有足够的资金,想创业成功就要注意这样几个方面:

(1)选好投资项目。适合自己的投资项目,是成功的基础。对投资项目一窍不通,或者自己根本就不了解,只能让钱打水漂。

(2)建造合作团队。项目选好后,要拿出一部分钱来招揽合作伙伴。要舍得在优秀人才身上投资,不要小里小气。

(3)合理使用资金。即使有再多的钱,也不要一次性都投进去,要合理设定前期、中期、后期等资金的使用情况，保证资金链不断裂。

三、创业的商业模式

在一次实战培训现场，一位学员忽然间跳起来，问："梁老师，你讲的案例，大部分是已经开公司或开店的营销案例，可是我只是一个拉三轮车卖水果的小贩，初中都没毕业，你能教我赚大钱吗？"

他刚一说完，全场就响起哄笑，这似乎是个不小的挑战，我知道大家都等着我这个老师出丑。

我问："你叫什么名字？"

学员："李军。"

"李先生，请问你在哪里拉三轮车卖水果，一个月赚多少？"

"一个月赚 3000～5000 元，没有固定的卖点，街头、小区门口、工厂门口、公园门口，哪里人多就到哪里去。"

"哦，各位同学，大家觉得他这份工作有前途吗？"

"没有。"不少学员再次哄笑起来。

李军的表情有点苍白和尴尬。

我严肃地说："大家别笑，他这份工作真的无法赚大钱吗？"

"营销目标，就是要把不可能变成可能。20 世纪 80 年代末、90 年代初，有多少富豪是从摆地摊起家的，嘉荣连锁超市董事长胡近泰，就是从摆地摊起家的，现在已经拥有自己的私人飞机；'破烂王'出身的孙树华，当初也只是一个收破烂的小子，在短短十年时间里就营造了一个庞大的企业集团，触角伸向众多产业，资产数十亿元。所以，大家不要笑李军，他也许会是下一个亿万富豪。"

"李军，为什么想参加我们这次培训，我们的学费12000多元，你怎么舍得掏这笔钱？"

"是一个朋友推荐我过来参加培训的，也是被逼的。现在，拉车卖水果的人越来越多，还整天被城管赶，再不想办法改变，生活就成问题了。"

"OK，我觉得此处应该有热烈的掌声，为他那份对生活的执着和热爱，大家应该为他鼓掌。"我对学员说。

"既然这样，我们就帮李军一把，大家谈论下该如何帮助他实现他的富豪梦想，为他出一套创业方案，10分钟讨论时间。"

10分钟后，每小组都派代表发表他们的创业方案，有的说要开水果档口、有的说要跟超市合作、有的说要跟酒店合作、搞批发、做宣传等，都是老掉牙的把式。

我问李军："这8个方案，有比较满意的吗？"

李军摇摇头："太难操作了，没有经验、没有资源，没有资金，无法落地。"

"看来大家令李军失望了。"我微笑着说。

"我这里还有一个方案，不增加任何成本或投资，能让你在1年内财富增收10倍以上，3年增收35倍以上……大家想听吗？"

"想。"大家响亮地回应，同时掌声响起来。

"但是，这个方案要收钱，因为我深知免费的东西往往会被抛弃，为确保我的方案得到落实，我必须收钱，你愿意吗？"

"如果真有这么神奇，我愿意！"

"OK，如果这个方案没有效果或你不满意，我将3倍赔偿，包括你的学费，你看如何？"

"你愿意为你的梦想付多少钱呢？"我说。

"我现在身上只有 6000 多元。"李军说。

"很好，敢于为自己的梦想付出行动的人才可能成功，梦想是无价的，为帮助你成功，我收你 3000 元，下课后你直接到服务台交钱，如何？"

"好。"李军说。

"现在我就向大家分享这个秘密，大家要感谢李军，是他掏钱大家来学习这个策略，再来点掌声！"

"大家还记得利润倍增的 3 大支点是什么吗？"

"客户数量、成交率、终身价值。"学员回答。

我们就从这三点出发，为李军设计创富策略和技巧：

第一招：要选择比较固定的客源，选择优质的客户。建议到固定小区和大型工厂门口销售水果，这样有利于开发比较稳定的客户群。

第二招：每次称水果的时候一定要从少加到多，而不是称多了从中减少，什么意思？就是说，如果客户要买 1 斤水果，你要从 8 两加到 1 斤，而不是称多了从中减少，一定要让客户觉得：你不但称足给他，他还占了便宜。

第三招：打称的时候，称尾一定要翘起来，而不是刚好或下垂。如果是电子秤，要超过客户购买的斤数，并且要跟客户说："老板，1 斤多一点，收你 1 斤好了。"要让客户再一次感觉到占了便宜。

第四招：收钱的时候，尽量少收几毛，而且一定要说给客户听：老板，一共 10 块零 5 毛，老客户，收 10 块好了。

第五招：每次遇到老客户的时候，没有买怎么办？要主动打招呼："老板，下班了，今天有新水果，味道非常甜，来，尝一个，不收你钱。"如果，他不买，下次遇到他，再说："老板，下班了，今天水果很新鲜，味道非常好，来，尝一个，不收你钱。"

这样下去，不买你的水果他心里会有愧疚感；不买你水果，他不敢见你，要绕道走，我们就是要从心理上彻底把客户给俘虏了。"

课堂上响起热烈的掌声。

"可是,还没完,仅留住老客户还不够,还需要帮李军把生意做大,做成连锁。

第六招:要设计一套名片,上面写着'×××水果行,为你家开的水果行,24小时服务,随时想吃水果随时送货上门,不加收任何费用,比市场价还便宜'。

接着,每次有客户买水果的时候,都要递上一张卡片:你好,我们提供24小时送水果上门服务,你什么时候想吃水果,我们就什么时候送货上门,不加收任何费用,欢迎订购。"

"那人家如果只要1斤,凌晨两点也送吗?"

"送!我们这么做的目的就是让他电话订货,特别是小区,小区居民订购水果经常是几斤或整箱购买,名片派发多了,只要在家里接电话、派货即可,也就不用开店了。如果客户订购多了忙不过来,可以请业务员送货。

第七招:确定一个片区后,接着发展另一个片区,不断扩大,连锁计划就达成了。

做营销,格局一定要大,要想得远,就像玩多米诺骨牌一样,一环扣一环。不要只顾赚眼前的小钱而忽略了未来的大钱,不要赚1斤水果的钱,而是赚2斤、10斤、1箱、10箱水果的钱,要记住:只有放大前端,才能垄断后端。"

后来,李军确实按照我的方法卖水果。两个月后的一天,他给我打来电话:"梁老师,现在有50多家居民经常向我订水果,可是我遇到个困扰,购买整箱水果时,经常有烂水果,经常提出换水果,怎么办?"

我说:"如果你是客户,买了烂水果,你怎么办?"

"当然希望店主给换啊,否则心里不平衡。"

"那你知道怎么做了。"

6个月后，他再次给我电话："梁老师，太谢谢你了！"

我说："为什么谢我？"

他说，上次有个居民订了两箱出口的哈密瓜要送礼，结果发现里面居然有一个坏的，我就拿店里最好的给他换，还给他送了个柚子。结果，中秋前夕，这个客户从我这儿订购了500箱哈密瓜。原来这个客户是一家工厂的采购经理，中秋节要送哈密瓜给员工。我现在已经开发了两个片区、两个连锁店，共有4名员工，太谢谢你了。

创业是复杂的又是灵活的，要想创业成功，就要选择合适的商业模式。所谓商业模式，其实就是企业是用什么来赚钱的。确定好商业模式，也就成功了一半。那么在当今情况下，都有哪些创业的商业模式？哪些商业模式比较适合自己呢？

1. 网络创业

要想创业，就要紧跟时代潮流，有效利用现成的网络资源。网络创业主要有两种形式：一种是网上开店，在网上注册成立网络商店；另一种是网上加盟，以某个电子商务网站门店的形式经营，利用母体网站的货源和销售渠道。

2. 加盟创业

如果自己没有创业经验，就可以选择加盟的方式。如此，就可以跟总部分享品牌金矿、分享经营诀窍、分享资源支持。具体的加盟方式有直营、委托加盟、特许加盟等，投资金额根据商品种类、店铺要求、加盟方式、技术设备的不同而不同。

3. 兼职创业

所谓兼职创业就是，一边工作，一边再创业。可以选择的兼职项目有：如果你是教师，可以兼职做培训顾问；如果你是业务员，可以兼职代理其他产品销售；如果你是设计师，可以自己开设工作室；如果你是会计、财务顾问，可以代理作账理财；如果你是律师，可以兼职法律顾问和事务所业务。

4. 概念创业

凭借创意、点子、想法等来创业，就是概念创业。具体模式有：

（1）异想天开型。异想天开中往往蕴藏着众多的创业机会，奇特的创意也是一种创业资本。剑走偏锋的创意，坚持下来并积极把想法转化成实际，就能抓住先机。

（2）问题解决型。日常生活中都会碰到各种问题，完全可以从这些问题入手，寻找商机。例如，看到有人晚上遛狗时差点被车撞了，就可以发明一种宠物反光衣；发现孩子不会用大人的吸管，就可以生产一种弯曲吸管等。

（3）国外移植型。经常出国旅游或浏览国外资讯的人，一般视野开阔，有着极强的洞察力，选择创业项目，完全可以将国外的新鲜点子搬回来。

5. 内部创业

所谓内部创业指的就是，在公司的支持下，承担公司内部的部分项目或业务，跟企业共同分享劳动成果。这种创业模式，创业者不用投资就能够获得广泛的资源，是种不错的方式。

第六课　创业团队策划

一、组建一个强有力的创业团队

很多年轻人喜欢玩游戏，但从事游戏事业的却凤毛麟角，丁懿是这方面的成功者。

丁懿出生于 1987 年，绍兴新昌人，是杭州每日给力科技有限公司的 CEO。

2007 年，丁懿和高中同学陈丞一起考入浙江工业大学，开始了创业之路。校内网里的"暗恋秘密""抢床位"等小游戏就是出自他们两人之手，"暗恋秘密"风靡一时，让他们赚到了人生的第一桶金——100 多万元。但游戏的更新换代，超出想象。很快，丁懿和伙伴制作的几个小游戏就被"偷菜"时代淹没了，网页游戏告一段落。

2009 年，丁懿有了第一部智能手机，敏感地感觉到了商机的存在，于是在学校招募了一批志同道合者，创建了自己的团队。团队成员有着相同的志趣爱好，都充满了活力。大家集思广益，积极想办法，废寝忘食，开发了一款名为"文明复兴"的战争策略类手机游戏。半年后，游戏正式上线。

优秀的团队，是创业成功的关键。不管是产品，还是服务，都需要团队来完成。如果团队成员没有爆发力、坚持力和创造力，团队必然存活不了多长时间。

俗语说得好，一个篱笆三个桩，一个好汉三个帮。只有集合众人的智能和力量，只有互相学习、彼此促进，才能实现最佳的合作效果。所以创业成功的一大关键就是，找到队友，建立一支优秀的创业团队。

公司有了发展机遇、明确了自己的目标或方向，就要积极建立一支能够踏实把愿景落到实处的优秀团队，无论是公司层面，还是部门层面，抑或是项目层面。

那么，如何才能组建一支强有力的创业团队呢？

1. 一个强有力的领导者

好的领导是公司运作的引导者，是优秀团队的建造者。那么，什么样的领导才算是好领导呢？一个强有力的领导者就是好领导。那么，如何理解"强有力"这三个字呢？笔者认为，"强有力"需要综合以下这些要素：勇敢、尽责、担当、果断……

（1）勇敢。合格的领导者通常都具备勇敢的精神品格。团队的发展会面临很多新目标、新挑战，尤其是对于初创公司，更无法看清未来，无法找到真正持续的盈利的点。面对这种不确定性，员工就会感到彷徨、犹豫。作为团队的领导者，首先就要勇敢，敢于站出来打破困局，能够坚定地告诉员工：就这样做！

（2）尽责。作为领导，就要将应担的责任主动承担起来，兢兢业业，恪尽职守，带领团队成员一起努力。

（3）担当。领导者要对自己的决定负责，勇于承担责任，执行做到位。

2. 三五个核心成员

创业团队要想发挥出最佳效益，就要有三五个核心成员作为绝对支撑。

比如，乔布斯、马云、马化腾、雷军、柳传志等企业家都在很多场合阐述过团队核心成员的重要性。柳传志觉得，选择管理层是第一位，之后才是定战略、带团队。雷军在开始做小米的时候，大部分精力用在了招揽核心成员上。

优秀的团队，人才不仅要在业务上互补，更要在意愿上达成共识。没有合适的时机，眼前的团队可以勉强维持，就一边做一边找，但前提是，必须用最快的速度完成"换血"，千万不要自欺欺人。具体的寻找途径有：通过招聘渠道招聘、让朋友介绍、找猎头公司帮忙、网络发帖揽才。

3. 提高问题解决的能力

要想验证创业团队的能力，最有效的办法就是，验证团队解决问题的能力。这里，不仅要涉及能力问题，还包括选择什么样的商业模式、视觉设计的突破、功能逻辑的梳理等。每个环节都会耗费众多精力与心力，尤其是，如果团队成员都是各领域的高手，极富个性，很难聚在一起，但为了制作一款新产品，还得将他们聚在一起。

经验告诉我们：一款产品的产生，可能会出现 5000 个非常棒的创意，但是最终被选用的也许不会超过 5 个。竞争不可避免，怎么办？领导者要带头树立一个积极的讨论态度，否定他人建议与想法时，要对别人的思考表示尊重，同时还要提前想好可信度比较高的建议，否则不要轻易下否定的判断。

在具体的操作过程中，要保持"对事不对人"的态度，多些这样的讨论：这样做会不会更好？去掉 A 功能，整体会受到影响吗？没有 B，用户体验会怎样？……总之，要带头培养有积极建设性的内部环境氛围，特别是讨论问题的氛围。

二、创业团队的 5P 模型

创业团队的 5P 模型指的是人（People）、目标（Purpose）、定位（Place）、计划（Plan）、权力（Power），这 5 个因素可以构成一支优秀的团队。

1. 目标（Purpose）

俄罗斯伟大的革命家曾说"没有目标，哪来的劲头？"要想将团队的作用最大化，首先就要确定一个共同的目标或方向。有人做过一项调查，问团队领导需要团队成员做什么。80%的领导者回答：希望团队成员能朝着目标一直前进。从这个简单的问答中就能看出，目标在团队建设中的重要性。

目标是团队中各成员都非常关心的问题，甚至可以说，没有行动的远见只能是一种梦想，没有远见的行动只能是一种苦役，远见与行动才是世界的希望。

有些团队活力四射，团队成员目标明确，容光愉悦；有的团队看上去像是被遗忘了一样，一点激情都没有，在办公室里等着下班回家，等着下次发放薪水的日子。

公司决定开发某款产品，目标传达下来后，很多基层开发人员不理解，然后便出现了各种各样的声音，甲说："我不看好，这不是我们擅长的，我觉得把业务做大就行。"乙说："咱们领导真是病得不轻，流行什么就跟什么，一点辨别能力都没有。"

产品经理和开发人员对产品的目标理解不同，开发人员觉得某项功能没有太多价值，不仅不愿意实现需求，还过来挑战产品经理，问产品经理：

"为什么要设计这个功能?"甚至为此争论不休。

之所以会出现上面的这种情况,一个重要原因就是,团队目标意识不强,上下级目标没有达成一致。如果想保证创业项目的顺利进行,就要增强目标意识,让团队成员都认同目标,在目标上保持高度一致。

团队目标是一个有意识的选择,能够指导团队成员劲往一处使;在充分利用团队成员的才能与能力的前提下,可以更好地促进企业的发展,使团队成员产生一种巨大的凝聚力。由此可见,目标表明了团队存在的理由,可以为团队工作过程中的决策提供方向,同时也是判断团队是否进步的一个可见标准。

2. 计 划 (Plan)

对于一个成立不久的新企业来讲,制订一套完善的计划非常重要。在这份工作计划中,不仅要解决聘用问题,确定上下级关系,还要设计明确的控制系统或创业者的作用等事项。

企业发展计划的最大作用通常都发挥在企业行驶在正确的航道上时。如果企业的发展计划出现了严重错误,不仅会影响到新产品的生产,还会影响到最终的执行。如此,即使是拥有强大执行力的组织队伍,终究也会以失败而告终。

检验企业发展计划有没有出现偏颇的维度有:计划和企业的长期目标是不是一致;计划和企业的竞争优势是不是一致;计划是不是突出了企业的目标市场与消费群体;计划目标能否分解成更多的子目标。

在正常情况下,企业的发展计划要与长期目标保持一致,能够将企业独一无二的特点及竞争优势发挥出来,为企业确定出一个可以简单获利的目标市场,且被分解成阶段性目标与众多的二级目标。

3. 人 (People)

在知识经济时代,人才是企业最宝贵的资产,也是企业可持续发展的核心生产力。

日本知名企业家松下幸之助认为，企业经营的基础是人，"要造物先造人"，要以人为本。如果企业人才稀缺，也就没有了继续发展的希望。甚至可以说，在越发激烈的市场竞争中，人才决定了企业的命运。

在一个组织中，人事决策是最重要的决策。德鲁克认为，人事决策是管理的根本，人决定着企业的绩效情况，任何企业都需要员工，员工取得的成绩在很大程度上都决定着企业的绩效。

企业要想追求发展，就要善于用人。可是，很多创业者却不懂人事决策，不会选人，总觉得自己才是最优秀的创业者。抱着这样的观念，很可能犯下严重错误。要想创业成功，就要明白：绝不能凭着自己的直觉与感悟来确定是否要雇佣一个员工，必须建立严格的考察与测试程序。

4. 定位（Place）

选用人才，能力是最需要考虑的。但是，一个人的能力必须和他的职位相吻合，如果员工能力不佳，却安排了很高的职位，他百分之百做不了，不出几天就会被刷掉，这里就涉及人才的定位原则。

企业用人，不能仅看能力的大小，还要看这个人是否适合这个职位；要做到人尽其才，不能大材小用，也不能小材大用，要善于发掘员工的深层才能。

秦朝末年，群雄逐鹿，两支起义队伍最终占据主战场，一个是以刘邦为首的汉军，另一个是以项羽为首的楚军。在这场楚汉争霸赛中，决定胜负的关键依然是人尽其才的问题。刘邦之所以能够取得楚汉之争的最后胜利，就在于他拥有三个人：萧何、韩信、张良。其中，萧何办事稳重，刘邦让他负责军政；张良足智多谋，刘邦安排他做军师；韩信则骁勇善战，主要带领将士们冲锋陷阵。而项羽却刚愎自用、有勇无谋，仅凭这一点，就败给了善于用人的刘邦。由此可见，企业想要在竞争日益激烈的经济活动中保持优势，也要善于用人，人尽其才。

每个人都有着自己的能力和特点，自然就要给他们安排不同的工作和职位，如此才能产生最好的工作效绩。只有当员工特点和工作相匹配的时候，才能充分地发挥出员工的能力和潜能，才能将人才价值最大化。

5. 权力（Power）

创业的过程，也是处理各种复杂事务的过程，任何一个管理者，即使精力再充足、智力再超群，也不可能独自解决所有的问题，授权也就成了必然，也是一个明智之举。

授权，可以让被授权者拥有足够的职权，能够顺利地完成上级交代的工作。放权就像是撒网打鱼，网撒出去了，能不能获得收获，关键就在于有没有掌握方法。只有对公司的权利收放自如，才能让员工更加主动地发挥自己的特长，为公司带来更多的利益。因此，创业者要学会合理授权。

（1）明确授权的目标。要想将权限合理地授权给下属，就要考虑应实现的目标，然后估计需要下放多大的权限，盲目授权，只会让管理者公私不分、职权混乱。

（2）放权不一定针对大事。即使只是再寻常不过的小工作，也可以放权，未必一定要是什么大方案、大计划。对于新进员工，从小事放权，可以训练他们负责任的态度，建立他们的自信。

（3）先列清单再放权。老板可以先列出每天自己所要做的事，再根据"重要的"和"非重要的"进行分类，删除掉"重要的"事情，剩下的就是可以放权的事项。将能够放权的工作统统列出来，会显得更有系统、有条理。

（4）弄明白放权的限度。为了不让员工自作主张、做出一些超出权限的事，最好在放权时特别交代"底线"。如此，一旦快触碰到，他们就会自动"刹车"，能够有效防止他们擅自跨过界线。

（5）找对你打算放权的人。只有将权利放给合适的人，才能发挥出最大的效果。因此，指定的人，如果工龄高、经验多，但不擅长该项任务或意愿较低，就要改换人员，倒不如将权力下放给工龄小、经验较浅、有心学习而跃跃欲试的员工。

（6）提供支持措施。把自己的工作分配给员工时，也要将权力一起转交；同时，要让员工了解，工作过程中依然可以向领导或老板寻求意见和支持。因此，下放权力时要告诉员工：遇到问题时，可以向谁求助；同时，还要为他们提供需要的工具或场所。

（7）放了权就该适度放手。既然已经将权利交给了下属，就要放手让他们去做。如此，才能给下属更多的自由空间，才有利于他们创造性的发挥，更容易激发出员工的工作潜能。同时，还能让管理者将更多的心思都用在自己的管理工作上。

三、管理团队最需要的东西

团队精神就是在创业过程中创新和追求卓越的精神。

团队精神，运用到企业的团队建设中，主要表现为员工对企业的忠诚及处理问题的大局观念。如果团队没有团队精神，员工以个人或个别团队为重，仅把自己当作一个打工者，对领导交办的事情敷衍了事，不追求完美；或者不论在什么公司、什么样的团队，都只考虑自身的职业发展，而不考虑公司的利益，都不能被称为好的员工或好的团队。

对于员工来说，如果没有事业心，只想着打工挣钱，就不会把团队的事当作自己的事来认真负责，最终只能一事无成。只有把团队的事情当作自己的事来办，自觉考虑到团队的整体利益，才能找到问题的解决方法，才能减少部门矛盾的出现，才能减少同事间的锱铢必较，才能真正做到精诚合作，团结一心，构造成一支具有凝聚力的企业团队。

美国著名的管理学家彼得·圣吉曾写过一本关于管理的书《第五项修炼》，书中提出：企业要有"共同愿景"，也就是说，一个团队一定要有一个共同目标。这个目标必须能引导大家一起去追求、去努力、去为之奋斗，这是企业形成团队精神的内在动力。

优秀的工作团队，必须有理想、有道德、会沟通、懂配合、工作积极、认真负责，团队成员必须齐心协力、一起奋斗。那么，怎样才能建设一支优秀的工作团队？笔者认为，注重沟通、管理者与团队成员的素质尤其重要。

1. 重视沟通

沟通在工作中起着非常重要的作用，很多时候，沟通环节出现的一个小误会就会给团队管理带来巨大的麻烦。如果团队没有默契，就无法发挥团队绩效，没有交流与沟通，就不能达成共识。要想让团队健康发展，就要从自己做起，积极主动地表达自己的意见、参与到讨论中，汇集经验和知识，凝聚团队共识。

大学毕业后，李兰应聘到一家公司工作。她为人热情、直率、坦诚，有什么就说什么，总会拿出自己的想法和大家一起讨论。可是，实习了半个月后会，李兰就陷入了困境。原来，公司是一家典型的家族企业，老板亲属把控了企业的关键职位。最重要的是，只要能赚钱，其他都无所谓。

李兰了解了公司的大致情况后，便拿着自己的建议书走向了经理："王经理，我来公司已经快半个月了，我有些想法，想和您谈谈，您有时间吗？"经理说："小李，本来早就应该和你谈谈了，只是最近一直都忙，把这事忘了。"

李兰按照自己事先列出的提纲开始逐条叙述："王经理，我来公司已经快半个月了，据我对公司的了解，我觉得公司存在一些问题：职责界定不清，员工自主权力太小，员工薪酬结构的制定较随意……"

听了李兰的话，经理微微皱了一下眉头，说："你说的这些问题公司确实存在，但你必须承认一个事实——公司是盈利的。"

"可是，眼前的发展并不等于将来的发展，许多家族企业败在管理上。"

"好了，你有具体方案吗?"

"目前还没有，这些只是我的一点想法。如果您支持，方案只是个时间问题。"

"你先回去做方案，把材料放这儿，我看看，然后给你答复。"

李兰走出办公室，感受到了不被认可的失落。建议书石沉大海，经理也不再提建议书的事。李兰陷入了困惑，她不知道自己是该继续和上级沟通，还是干脆放弃工作。

沟通是一个信息交流过程，有效的沟通可以实现信息的准确传递。只不过，由于沟通主客体和外部环境等因素，沟通过程中经常会出现各种沟通障碍。

在团队管理中心，如果上下级之间、员工之间沟通不畅，不仅不能为团队创造效益，反而会造成团队管理混乱、效率低下。团队成员只有进行充分的沟通，明确各自的职责，才能提高协作效果，形成巨大的合力。

2. 管理者的能力

在团队中，管理者起着非常关键的作用，团队凝聚力的强弱与管理者有密切的联系。

管理者的职责非常多，如经营团队最重要的职责是完成企业的战略目标、开发新市场。同时，还要维护好团队成员，稳定员工的心。所谓维护就是在团队成员遇到困难的时候，主动给予帮助；对于一些棘手的工作，在员工解决不了的情况下，给予支持，亲自前往谈判；要到一线市场，了解市场及团队成员的最新状况；要与团队成员一同坐下来，谈谈工作和未来的发展方向；

要以身作则，勇于承担自己的责任。

春秋晋国有个狱官叫李离，在审理一件案子时，接受了下属的一面之词，制造了冤案。真相大白后，李离准备以死赎罪，晋文公说："这件案子主要错在下面的办事人员，又不是你的罪过。"李离说："犯了错误，怎么能将责任推到下面的办事人员身上？"他没有接受晋文公的劝说，自刎而死。

俗语说：正人先正己，做事先做人。要想管好下属，首先就要以身作则。示范的力量是惊人的，管理者不仅要像故事中的李离那样勇于替下属承担责任，更要事事为先、严格要求自己，做到"己所不欲，勿施于人"。一旦通过表率树立起在员工中的威望，大家就会同心同力，就会大大提高团队的整体战斗力，管理工作也会事半功倍。

市场经济下，竞争日趋激烈，失败和挫折在所难免，在成员处于低谷的时候、在员工最需要的时候，管理者要鼓舞士气，为大家明确下一步的发展方向。

3. 提高员工的综合素质

员工的综合素质能适应企业的要求，企业发展就会顺利推进；反之，企业发展就会受到阻碍。那么，如何来提高员工的综合素质呢？可以从以下几个方面开展工作：

（1）加强思想教育。要想加强思想工作，就要引导员工牢固树立四种意识：创业意识、忧患意识、协作意识和创新意识。

创业意识。企业要想在激烈的竞争中不断发展，必须艰苦奋斗、知难而进、勇往直前，吃苦在前，勤俭办企。

忧患意识。企业丧失了忧患意识，就会变得夜郎自大。心中具备一定的忧患意识，就能励精图治、自强不息、奋发向上。

协作意识。个人的力量是渺小的，一名员工的力量是有限的，只有员工心往一处想、劲儿往一处使，才能产生巨大的团队效应。

创新意识。增强自主创新能力，是企业提高市场竞争力的客观选择。要不断增强企业的创新能力，建设创新型企业。

（2）加强员工培训。要想让员工真正胜任工作，就要对他们进行长期的非学历岗位培训。要使用多种培训方式，丰富员工的学习内容，加强员工的岗位技能培训，培养出更多的技术能手、操作能手、工作能手，有力促进企业的发展。

（3）完善目标考核奖惩。没有考核目标，奖惩就会流于形式。要通过目标考核，将综合素质较高的员工安排到更高的岗位上工作，为企业的发展奠定坚实的基础。

总之，团队的建设不仅需要具备团队建设意识的领导，还需要综合素质强的团队成员。单打独斗已经被社会淘汰，合作打天下才是王道。团队是竞争制胜的重要组织形式，优秀的经营团队对公司发展与个人进步都有着非常重要的意义。

四、优秀团队的标准

如今，只要提到健力宝，可能很多人会想到一个人，这个人就是广东的李经纬。

李经纬过去曾是一个三流酒厂的厂长，厂子虽然小，但他的志向却很大，想干一番事业。

有一天，李经纬听到一个消息：奥运会需要一种运动饮料。这条消息，一般人没有太在意，但是李经纬却认为这是一个发大财的好机会。结果，经过努力，他真的做成了。

李经纬是如何做成的呢？合理使用团队力量。

1. 研究配方

李经纬原本是酒厂的厂长，对运动饮料可以说是一窍不通。要做这样高档次的饮料、高科技的产品，必须有尖端的人才，凭李经纬一个人的能力根本做不成。怎么办？他找到广东体育科研所的欧阳孝，两人合作，一人研究饮料配方，另一人组织生产、负责营销。欧阳孝经过100多次试验，终于研究出了健力宝的配方。

2. 市场推广

产品配方研究出来了，如何推向市场？李经纬有个套路：既然是运动饮料，首先就要进入体育运动会，再由运动会推向市场。有一天，他听到一个消息：亚足联将在广州白天鹅宾馆开会，亚足联的主席会出席。李经纬觉得这是个好机会，于是带着下属跑到深圳百事可乐厂，借了一些空罐子，灌上配好的健力宝，再贴上标签，摆在了"亚足联"的会议桌上。同时，团队还请摄影记者帮忙，让他守在亚足联主席的旁边，眼睛盯着他的一举一动，当亚足联主席拿起易拉罐想喝的时候，记者"啪啪啪……"一气呵成。李经纬拿着这些照片大肆宣传，说："××都喝健力宝，市场潜力非常大。"于是，经销商都来跟他合作，签下了大量的订单。

3. 生产产品

健力宝的生产，并不简单：需要引进一条生产线，要有厂房、工人、管理者、原材料购进等。没有一年半载的筹备，厂子是建立不起来的。怎么办？李经纬选中一个饮料厂，让对方按照他的配方要求，进行加工。加工好后，贴上健力宝的标签；经销商付了钱后，再付加工费。这种办法，不需要投资、建工厂、招人员，不需要承担风险，即使这批货卖不出去，也只是损失这一批货。

结果，"健力宝"就靠着自己的团队，创下了中国饮料界的第一品牌。

团队是市场大环境中出现的成熟产品，不仅具备一定的精神层次，还有着功能层次的内容。优秀的团队，通常都会将各种功能层次结合在一起，还会将精神层次聚集在一起，正所谓"物以类聚、人以群分""道不同，不相为谋"。一个好的团队往往是以功能相结合最后却以精神取胜。就像一台电脑，功能是硬件，精神是软件，软件与硬件不可分割。

当然，优秀的团队也是有章可循的，可以总结为以下六个基本标准：

（1）明确的目标。团队中的各个成员可以有不同的目的和个性，但作为一个整体，必须要有一个共同的奋斗目标。

（2）清晰的角色。优秀成员都清楚自己在团队组织架构中的角色定位与分工，明白自己的任务与责任。

（3）必备的技能。团队成员必须具备为实现共同目标而具备的基本技能，并有良好的合作。

（4）彼此间信任。彼此信任是成功团队最明显的特征。

（5）良好的沟通。团队成员之间需要有畅通的信息交流，能够协调彼此间的行为，使团队形成一股凝聚力。

（6）优秀的领导。领导为整个团队提供指导与支持，而不是命令或控制下属。

五、如何组建优秀团队

上学的时候，周霞就觉得服装店衣服都很贵，而外贸的衣服都很便宜，开服装店一定能赚大钱。那时，她就开始打听店主从哪里进货。她打算毕业后到东莞打工赚钱，攒点钱，开家服装店。

毕业工作几年后，周霞攒了几万元。之后，她开始找铺面，寻找服装加盟代理信息。

周霞知道，要想提高销售业绩，离不开优秀团队，于是在团队建设上狠下功夫。她广纳优秀人才，制定了严格的绩效考核制度，同时还重视员工培训，更鼓励员工创新营销方法。在大家的一致努力下，收获了卓越的成绩。

2015 年网络购物盛行，周霞也开了自己的淘宝店，同时组建了一支网络营销队伍。于是，大家一起当模特试穿拍照，学习网店装修、做好客服、准时为客户发货，整天都忙得不可开交。

经过一年的努力，周霞一共开了 3 家连锁店，营业额基本在 200 万元以上。

成功，离不开团队的组建。

组建一支团队最大的忌讳是"武大郎开店"。一些领导担心能力过强的人争夺自己的饭碗或担心公司留不住这些"高我者"，结果就"高我者"不用。其实，想要组建一支优秀的团队，就必须要吸纳一流的人才，组建优秀的团队。那么，怎样组建一支优秀的团队呢？下面我们总结了一些团队组建的要点。

1. 责权明晰

观点存在差异，没有外部困难的时候，就会产生内部争斗。而平息不同，统一步调的最好办法就是责权明晰。所谓责权明晰，就是将大家要做的事情划分明确，规定好规则，之后将关注点放在"比赛"的输赢上。如此，团队才能一致对外，把劲儿往一处使，团队才有战斗力。规则制定得模糊不清、分工混乱，时间长了，人们的想法就会发生变化，团队内部也会混乱不堪。

责与权的管理就是企业的规则，只有规则稳定，才能保证员工有续竞争。但是，规则也要适应社会发展及环境变化，规则的调整必须向着最适合人本性的方向变化。因为，工具越用越好用，规则越调越完善。

2. 建立好的留人制度

员工来去的自由是不可控的,当员工觉得这个公司不够好或升职"无望"时,便会筹划离职。员工离职,不是说办理完手续就结束了那么简单,指的是员工在企业利益能够随时兑现、离开时没有任何损失。

过去,许多国有企业要求员工,特别是新员工签几年的合同,不到合同期就离开,需要赔付违约金。结果,大部分企业并没有因为合同而留住人才。要想留住人才,就要建立优良的留人制度。

华为没有上市时,全员持股的方式吸引了非常多优秀的人才加盟,并且制定了一个规定:员工离开公司时,公司会按照当年公布的价格回购员工手里的股份与期权,让员工不会因为离开公司而产生巨大的损失;同时,也为之后进公司的员工留下入股的机会。

3. 文化永恒,企业长存

好的企业文化,通常都能够不断地吸引各种各样的人才为企业效力。

如今,很多企业在建设企业文化,这其实是企业管理的一个"小心机"。企业文化说白了就是企业制定的一个行事规则,员工能够融入企业文化,就会感受到安全感与归属感,在企业就像在"家"一样,这就是"企业文化"的魅力。

当然,既然是好的规则,就不能经常变,因为变化会给人带来一种不安全感。许多公司总会出于一些必要的原因改变团队的组织结构,每变化一次,就要涉及整个团队的组建、磨合,人事方面调整,以及利益的再分配。一旦没有稳定感,员工就会对企业产生动摇,谁还愿意在这里做长期的规划和投入?

虽然说企业是不断发展的,企业的组织架构需要随着市场的变化而变化,但是变化的时机要根据企业近期目标的变化来进行选择。如果企业架构发生了变化,但分配的原则却不变,做事的规则也就不会改变,也就是所谓的文化不变。企业只要精炼出长期不变的文化，就能够获得长治久安。

4. 多讲老板奉献，少让员工加班

创业是一个非常辛苦的过程，很多老板都希望自己的员工也能和自己一样为企业无私奉献，甚至觉得拼了命加班才是真正优秀的员工。但是，老板忽视了一个非常重要的立场问题，即使企业全员持股，也无法让每个员工都产生一种老板的感觉。

企业发展壮大了，老板是最先受益的人，这是毫无疑问的，员工能否获益还需要考虑很多因素。如果员工和企业的"荣辱与共"仅是阶段性的，那么员工的无私奉献就不会是无限度的。

老板为公司奉献，无论是从主观上来讲，还是从客观上来说，都是要带动所有人一同努力，给大家树立信心和榜样。如果老板自己都没有信心，不愿意付出努力，企业也就没有了发展的希望。员工之所以愿意奉献，是因为得到了企业发展带来的好处，而不是强迫的结果。

老板以身作则，多为企业做贡献，少让员工加班，才是开启企业奉献行为的钥匙。员工是否愿意加班，要看老板如何做，老板如果发挥榜样的力量，就可以让员工认同企业的发展。

有些企业的员工下班不回家，没有工作就玩游戏，甚至做一些无聊的事情。他们"不敢"回家，大多是因为大家都没走，自己走了显得非常另类，觉得不好意思；或是担心老板对自己的忠心产生怀疑。但是，这样的忠心不能为企业带来任何有效的价值。

人的精力是需要通过休息来调养的，休息不好效率就会大大降低，团队需要效率，而不是简单的延长劳动时间做无用功。

第七课　创业发展战略策划

一、知己知彼，百战不殆

在今天这个创业的时代，自己当老板也就成了许多人实现梦想的重要手段之一。可是，创业不是拍脑袋就能做的事情，需要了解很多东西，如市场环境如何、消费者状况如何、市场竞争状况如何、相关行业的成功率有多少等。

（一）创业前需要注意的市场要素

在创业前，究竟需要注意哪些市场要素呢?

1. 市场环境

市场环境要素主要包括国家相关政策和法律法规，主要工作有：调查自己经营的产品有无相关限制，了解经营项目所属行业的现有状况、发展趋势和行业规则。比如，如果想开一家足疗店，就要了解该行业国内及本地区的发展状况、流行趋势和先进的足疗产品，要知道该行业的经营手段和管理体系怎样。进入一个新行当，只有充分了解和掌握该行业信息，才有助于让创业者尽快实现从外行到内行的转变。

2. 市场需求

关于市场要素，对于创业项目，要了解它的市场需求状况，清楚它的市场饱和程度。比如，如果想开一家美容美发店，就要调查一下当地市场对美容美发的需求量，了解消费者的需求水平；同时，还要看看当地有无相同或类似产品、市场是否已经饱和等。

3. 消费者情况

顾客是上帝，消费者是最重要的市场要素。关于消费者情况调查包括两个方面的内容：一是需求调查，如购买某种产品的顾客多数都是些什么人、他们喜欢什么种类、能够接受什么价位等；二是消费者的分类调查，重点了解顾客的数量、特点和分布，明确目标顾客，了解他们的购买习惯和特征、购买动机、购买心理等。

4. 市场竞争

在开放的市场经济条件下，竞争日益激烈，不管创业项目是全新的还是有人早已经营，都少不了竞争对手，因此在创业前，一定要了解竞争对手的情况，包括：竞争对手的数量、规模、分布与构成。只有充分了解竞争对手的相关情况，才能有的放矢地采取一些竞争策略，确保创业成功。

（二）创业前应该考虑的具体事宜

了解了上面这些比较宏观的市场要素后，紧接着就要详细分析创业前应该考虑的一些具体事宜。

1. 了解创业的成功率，做好准备

每天都会有雄心勃勃的创业者加入创业大军，但成功者终归是少数，很多人会早早败下阵来。要想取得创业的成功，首先就要做好准备。比如，要想在激烈的市场竞争中站稳脚跟，要拥有卓越的竞争力；要想在消费者偏向理性思考的情形下取得创业的成功，就要多注意市场信息，关注新形态消费文化和特性。

2. 结合自身情况，采用合适的创业方式

是单枪匹马、独自一人创业？还是与人合伙？抑或是入主加盟体系，借助总部的模式创业？笔者认为，如果从事的项目与过去工作经验有关，同时创业者曾担任销售管理职务，可以考虑独立创业；如果没有经验，就要选择合适的加盟体系，从中学习管理技巧。

3. 做好市场要素调查，确保创业成功

俗话说：没有调查就没有发言权。创业前一定要认真进行市场要素调查。一看到某个项目有利可图，有些人就会不假思索地加入，结果真正创业后才发现目标市场太小、无法盈利。

创业是个艰难的过程，一定不能盲目自大，不要以为自己什么项目都能做，要在充分评估自身资源的基础上，有把握地去做。进行市场调查，要在充分全面地了解市场要素的基础上，具体情况具体分析，把握好创业项目的特点，多花些心思和精力，将创业之路走得风生水起。

张华从小就喜欢绿色植物，大学学的也是园艺专业。

张华大学毕业后，先后到南京林业大学、浙江农科所等地学习了 7 年，为创业奠定了坚实的基础。2008 年上海世博会期间，张华看到，各国家的展馆都装饰着最珍稀、最具代表性的植物。一次他见到彩叶植物，回来后，就萌生了种植彩叶树的想法。

张华知道，当时国内的彩叶树研究仍处于萌芽期，市场上优良的彩叶树非常少，在泰州地区更是少见。于是，便在附近的村子租了上百亩地，从国外引进了 16 种珍稀彩叶枫，开始了创业之路。

种苗下地后，张华整天都守在大棚里，观察记录植物长势、适应情况。

在之后的几年里，先后从美国、日本等十多个国家引进500多种彩叶枫；同时，他还潜心钻研机械设备，拥有2项国家发明专利，10项国家实用新型专利。

彩叶枫树项目走上正轨后，张华主动转型，他的目标很明确：找有特色、附加值高的项目。为了找到目标，他做了一个市场调查，结果发现：当地虽然水果品种很多，但大多集中在夏季上市，在4月底、5月初这一段时间，水果市场就会青黄不接，如果能抓住这个市场空当，销路肯定不用愁。而且，附近城市的批发商也对这个项目非常感兴趣。

2014年，张华又租种了500多亩地，从安徽、浙江等地引进9个新品种桃子；项目动工后，还先后邀请二十多位专家、教授组成了"技术团"，进行驻田指导，及时解决各项技术难题。在这些人的帮助下，张华很快就掌握了油桃和黄桃种植的技巧。

通常，桃树是3年挂果，5年进入丰产期。而张华的油桃、黄桃仅2年就挂果了。张华与上海、浙江等地的水果批发商达成供销协议，销路根本不用愁。

张华喜爱一切新鲜事物，有一股敢拼敢闯的劲儿。因为种植彩叶枫，张华每年都要出国考察新品种。有一次去法国，途经普罗旺斯地区，薰衣草正好进入盛花期，吸引了他的注意。此外，张华还引进了欧洲月季、中国台湾鲁冰花等品种。

为了带动村民致富，张华通过工厂化育苗的方式，培育出标准化种苗，通过"公司+农户"的方式，分发给周边农户和社员种植。张华为他们免费提供技术、植保等方面的咨询和服务，并统一价格回收、统一包装上市。

二、标新立异，永远不做大多数

创新是企业的灵魂，无法创新的企业就像一支失去士气的军队，即使兵马众多，也未必会在交战中取胜，经营企业也是同样的道理。只有做出自己的特色，标新立异，才能在竞争中独占鳌头。

被人们视为"汽车疯子"的李书福曾说过这样的话："别人没做，我们更应该做。即使无力回天，也要认真思考一下。世界上任何一个能够做大、做强、做好的企业，都不会使用别人的品牌。"马云也认为，做生意"就一定要做到独特"。亦步亦趋，永远跟在别人的后面，是创意最忌讳的。

朋友老王开了一家体控理疗店。起初由于人们对新生事物不了解，生怕上当受骗，所以生意很冷清。体控理疗是什么？很多人都是第一次听说。其实，体控理疗就是一种集保健、美容、治疗于一体的新型理疗方法，效果非常不错。

为了尽快拓展市场，老王使用了许多促销方法，如散发名片、开展免费体验、价格优惠等，但收效甚微。一天，老王突然想起了不久前发生的一件事：朋友给了他一张"合理膳食"的科普宣传图，上面图文并茂地写有"40种不能搭配吃的食物""不同疾病征候人群食物"等知识。随着生活水平的不断提高，人们的健康意识越来越强，而"合理膳食"又是人人用得上、家家必备之物。于是，为了便于保存、携带和查阅，老王将这张宣传图改编成了五开的小册子。小册子设计得非常漂亮，封面上方是三口之家的人物图片，下方印着"合理膳食，均衡营养"八个醒目大字；封底上印成居家服务常备电话，如清洁公司、搬家公司、电脑维修公司、理疗服务等。

当客户将有价值的资料保存下来后，就有了为对方服务的机会，自然就能赚到钱。

古人曾经总结过做生意的十二字诀，"人无我有，人有我优，人优我特"。日本企业界曾提出一句口号："做别人不做的事。"也就是说，创业开店做生意，要寻找冷门，独辟蹊径。

依依高考落榜后，自费上了一所民办大学，结果毕业后，很难找到专业对口的工作。无奈之下，她只好到广州一家专门为外国人开的酒吧做侍者，薪水加小费，月薪也能达到2000元。可是，依依对这份工作并不满意。由于长得靓丽，在酒吧免不了遭受委屈。开始时为了守住工作，依依只得敷衍着，可是时间长了，越来越无法忍受。

一天，依依给在电脑公司就职的男友送午餐。饭盒一打开，色香味俱佳的菜肴，立刻就引起了男友同事的夸赞。依依突然意识到：现代人的生活节奏快，工作压力很大，写字楼里的白领根本无暇准备午餐，往往只随便吃点小吃，既不经济，也不实惠，如果将精心制作的配餐及时地送到白领一族面前，一定会有市场。

依依为这个想法兴奋不已，她准备利用自己出色的厨艺，在商业区开家餐饮店。可是，广州繁华地段的房租非常贵。男友为她出谋划策说：可以零成本网上创业。网上开店，不用租店面和仓库，省去了实营店应缴的一切费用，只要有需要出售的物品，都可以在互联网上过一把老板瘾。依依经过男友的点拨，茅塞顿开。

依依辞去酒吧的工作，决定做个"网上老板"。她查阅了大量的食谱，为顾客精心设计出20多种不同风味、搭配合理的套餐。男友为她制作了一个精美的网页，经过半个多月的准备，"网上餐厅"终于开始营业。

依依印了两千张名片，外层有"网上餐厅"的网址和电话，展开后是各式各样的套餐和靓汤名字。依依将名片散发到市区内一幢幢摩天写字楼里，就开始坐在家里的电话机旁。结果，苦守了一天，没有一份网上订单！

漫长的三天熬过去后，依依终于等来了第一单生意。三个月后，网上订餐的人逐渐增多了。随着时间的推移，有30多家公司成了她的长期订户。后来，依依又雇了十多名上门送餐的员工，并请了两位厨师做不同档次的套餐和靓汤。

每周一，依依都会将一周的配餐计划发布在网页上。每天早上五点，她就会到菜市场精挑细选原料，回来后严格按食谱配料，烹制过程一点都不敢马虎。如今，依依正筹备建立一个餐饮娱乐网站，开启更壮美的创业之门。

在充满着竞争与挑战的时代，生意越来越难做、钱越来越难赚。可是，生意越难做，就越有人会赚钱，因为他们总能棋高一着，靠自己独具匠心的产品和服务吸引顾客的眼球。

标新立异，经营新产品，越新越好，越独越好，这是做生意的最大智慧。如果你的产品或服务独具特色，生意就没有不成功的。有时市场不被人看好是一种福气，正因为不被看好，大家才不会"杀"进来，永远都不要做大多数。

三、到有鱼的地方去钓鱼

一次，两个年轻人到同一个地方钓鱼，一个选在阳光普照的地方，另一个选了个阴凉的地方。

半天时间很快过去，其中一人的鱼筐已经塞满，另一人却一点收获都没有。

没钓到鱼的人感到很奇怪，于是就问："同样的池子，为什么你能钓到鱼，而我钓不到？"

另一个回答说："钓鱼就像是我们的生活，必须要到有鱼的地方去钓鱼，仅有钓竿是无法钓到鱼的。"

喜欢钓鱼的人可能都有这样的经验：要想钓到更多的鱼，就要拿好鱼竿，准备好各种鱼饵，找个最合适钓鱼的地点，钓鱼的关键是选择好垂钓地点。"一日三迁，早晚钓边""早钓进，午钓远""夕阳西下，钓鱼最佳"等俗语告诉我们，在一天的时间里，各种鱼都有自己的活动规律和范围，有一定的觅食和栖息地点，要想提高钓鱼效果，就要熟悉各种鱼的生活习性，在有鱼、鱼多的地方钓鱼。

寻找创业机会也是同样道理。市场瞬息万变，不同类型的市场有不同的特点，不同国家之间的市场差别也非常显著，创业者必须了解市场、熟悉市场，洞察市场的瞬息万变，改变自己的观察视角，根据市场的变化而变化，到有市场需求的地方去发展和寻找机会。

一个学员经营着一家蛋糕房，生意不错。说起经验，他说：

通常，都是过生日的时候，人们才需要订购；如果不过生日，人们很少会订购。因此，首先就要知道客户的生日究竟在哪天。买蛋糕的通常都是寿星的朋友或者亲人，如何获取客户的生日信息呢？

第一，在客户来购买小点心的时候，可以对他们说：只要填写好个人资料，就可以打折。看到有好处，人们一般都会认真填写自己的出生年月日及电话姓名，填写的也是真实的，不会以假乱真。然后告诉他们，如果能填写家人、同事、朋友等的生日、电话联系方式，就赠送半斤或一斤点心。如此，通过打折宣传，就能吸引很多人来购买。只要来一个人，就能收到三个客户的名单。如此，如果一天来30个客人，也许就能抓到100个客户名单，而这些人的电话、生日和姓名你都知道。

如果一天按50个潜在客户计算，一个月后就会抓到1500个名单。每天都会有人过生日，可以用短信或电话的方式来促销蛋糕，送货上门，货到付款。如果对方是老客户，可以给他打八折（先把价格提高点，再降价），一直循环下去，来一个客户，抓三个客户，后期就会有永不断续的客户。凡是来买蛋糕的人，都留下联系方式，后面进行促销，生意一定火爆。

第二，还可以做学生市场。学生一般都喜欢过生日，办个 Party，完全可以找学校的老师或联系人，收集到所有学生的联系方式，包括：住址电话、生日等，这样你的市场就更大了。

第三，不用自己做蛋糕，可以找十个员工专门送蛋糕。找几家蛋糕做得比较好的，跟他们谈判，说：我每天都要订购很多蛋糕，给我个最优惠的价格。这样，你什么都不用做，只对这些客户进行促销就可以。

第四，可以做成一个蛋糕配送中心。只要这些人想过生日，确定好他想定什么样的蛋糕、哪家蛋糕，都能做到。

在这个案例中，正是因为瞅准了客户群，才有了蛋糕生意的火爆。

每个准备创业的人都希望尽快找到创业机会，找到可以赚钱的地方，可是茫茫商海，我们的"鱼"又在哪里？产品最终面对的就是客户，到客户聚集的地方去销售，多半能获得不错的销售额。

寻找客户的过程就像是渔民在大海中打鱼，茫茫大海，具体鱼群的寻找，要依赖于渔夫长时间积累下来的经验。即使创业时没有多少经验、没有多少资金去尝试，但依然可以少走一些弯路，甚至直奔你的财富之源，方法就是到有鱼的地方去钓鱼！具体的方法就是，寻找市场、发现需求，之后用娴熟的销售技巧将自己的产品或服务销售出去。

四、找最适合而不是最赚钱的

到商场买鞋子，人们通常会选择适合自己脚的，甚至还会多次尝试，鞋码太大、样式不合适，或者稍有点硌脚，人们都不会买。因为，人们都知道，不管鞋子的价格多贵，只要不合脚，也就失去了意义。所以，适合很重要。创业，同样如此。

创业的一个重要原则就是，找最合适的，而不是最赚钱的。

经商创业，需要发挥自己的优点，需要扬己之长避己之短，需要找到真正适合自己的。

选择自己的创业行业时，一定要考虑自身的情况，千万不能冒失前进，一头扎进自己不熟悉的领域，最后倒霉的肯定是你。如果你擅长某一行业，就不要强求自己去隔行创业，否则，即使做了，恐怕也难有收获，除非你有一个特别好的项目。从另一个角度讲，即使工作环境与自身优势暂时不契合，依然可以努力积蓄自身的潜能，力求在自己的创业中闯出一个可以扬长避短的小环境。

从社会发展的大趋势和成功创业者的经验来看：只有不断积累自身的生长优势，才能将自身的优势转化为胜势。数字信息化社会变化繁复，昨天的优势到了今天有可能就成了劣势，因此要想创业成功，就要不断地让自己的优势快速生长。

还有一种情况，你对某个行业不熟悉，但经过潜心研究学习，很快就掌握了这个行业的趋势、熟悉了该行业的门道；同时，还通过市场调查与分析，确信自己不会犯主观主义错误。这时，就要参与其中。另外，即使是你不懂某个行业，但合作伙伴却在该行业有着丰富的经验，依然可以涉足。在这方面，马云就是一个典型的例了：他不懂电脑，不懂技术，却经过自己的不断努力，将阿里巴巴做成了全球数一数二的电子网站。

作为一个创业者，作为一个经商者，无论你是从这个行业转到了另一个行业，还是初出茅庐，都应该先仔细地分析一下自己有没有从事这一行业的能力，如果自己没有这方面的能力，只是凭借自己的主观愿望，你的愿望多半都会落空。

最好的创业项目不一定适合自己，只有适合自己的才是最佳的，这里给大家介绍检验创业项目是否最佳的五条标准，供参考。

1. 自己是否感兴趣或熟悉

兴趣是最好的老师，只要你对某项事情感兴趣，做事的主动性就会增强，事情也就更容易做好，并且会事半功倍。如果对某项事情不感兴趣，积极性自然会降低很多，即使最后完成了，也会事倍功半。因此，正在艰难选择项目的创业者，最好选择自己感兴趣的行业和项目。

熟悉某个行业或产品，可以让自己少走一些弯路。所谓熟悉的行业和项目就是，熟悉了解自己专业领域的项目，对项目或产品比较熟悉、不陌生。

2. 项目本身是否可行

任何创业都会经历一些困难和问题，从一定程度上来说，创业的过程也是一个不断战胜困难和解决问题的过程。但是，所选择项目存在的困难和问题预测，都要依靠自己来解决。如果预感到某些困难和问题自己无法解决，就不要选择这样的项目。

项目本身是否科学和可行是创业成败的关键，项目不科学或者不可行，即使你付出再大的努力，最终多半会失败。因此，在选择项目的时候，还要检索大量的资料和市场调查进行对比分析，然后进行充分的讨论和研究，最后才能下结论做出决策。

3. 市场是否饱和

自己对某个项目确实感兴趣，项目本身也科学可行，但项目如果没有独立的发展空间也是不可取的。选择了没有独立发展空间的项目，未来的竞争会更加残酷，即使最后能够争取到立足之地，结果也将得不偿失。选择创业项目时，如果其他条件都具备，但生产出来的产品却没有市场，这种项目也不能选择。

4. 是否可以长久地持续发展

有些产品的寿命周期很短，如以前有一种玩具"飞来飞去器"、健身器材"呼啦圈"等，这些产品的盛销也就是一阵风，这阵风吹过之后市场就饱和了。要想创造源源不断的市场需求，就要生产或销售反复重新消费的商品，如此才能获得持续发展。

5. 产品（或者服务）是否有市场

导致产品没有市场的原因可能有：质次价高，产品的安全性能不达标，产品的质量不符合标准。要想提高创业的成功率，就要尽可能地选择物美价廉、安全可靠、产品质量达标的项目。

第八课　创业危机管理策划

一、让决策更加科学合理

决策是企业管理的基础。

所谓决策，就是从多个抉择方案中选择出一个，作为未来行为的指南。制定科学合理的决策，可以有效避免危机的出现或成功化解危机。这里有个我在东莞讲课时遇到的学员案例：

小区附近有一条步行街，周边是富士康等多家大型代工企业，来往人口约 3 万，街道每天都很热闹。同时，这条街周边共有 50 多家理发店，各店平均每天约接待 10 位客人。可是，在一个狭小的巷道里有家叫"风尚"的理发店，每天接待的客人多达 150 人，周末更会达到 250 人，需要一直忙活到晚上 12 点。到这家店理发、洗头、做护理，通常至少要排队 1 小时。

其实，早在两年前，这家店还是一家新店，每天接待人数也只有 5 位左右，生意非常冷清。两年前的一个周六，因为要去见一位重要客户，我打算先理个发。可是，找了五六家理发店，老板都说要等候，最后不得已进了这家叫"风尚"的理发店。当时，店里没有一个客人，虽然我对他们的技术有些担心，但因为赶时间，也就硬着头皮进去了。

当时不知道是不是因为客人少、好不容易有客人上门的缘故，他们的服务又热情又周到：老板亲自为我沏茶，洗头妹亲切地跟我拉家常，理发师仔细了解我的发型设计要求等，给人的感觉很美好。其实，这些服务，大多数理发店在做，可是为什么这家店的生意如此冷清，仅因为位置比较偏僻吗？

理完发，老板把我送出门，说："谢谢，欢迎下次光临！"我明白了，这家店除了给我提供周到热情的服务外，根本没有做任何营销。我转回头，递给老板一张卡片，说："你们的服务不错，技术也好，为什么生意这么差？因为你不懂营销，如果想让你的店铺 3 个月内营业额增加 10 倍以上，请打卡片上的电话，我会让你的店在众多竞争对手中脱颖而出。"

结果，一个月后我就接到了这位老板打来的电话。这位老板姓容，广东清远人，我们相约在"银座"餐厅的包房见面，容老板一见到我，就开门见山地说："梁老师，我实在是坚持不住了，每个月都赔钱，地方偏，客流少，帮我出个主意吧。"

"容老板，你以前不是开理发店的吧？你应该没有研究过营销？"我说。

"对，我以前在工地干，工作很拼命，理发时认识了现在的老婆，开理发店是我老婆的心愿。我们攒了 6 年钱，才开了这家店，这家店可是我们一家的希望。过去我没学过营销，一直认为只要勤快，把客人服务好，就能把店经营好，现在才知道原来根本就不是这么回事。"容老板的样子很焦虑。

"我确实有几个好建议，不过我也有两个小条件，如果你能答应，我们就探讨一下。"我说。

"没问题，只要能帮到我就行。"容老板说。

"第一个条件是：你必须彻底地按照我出的建议去做，当然我不会让你犯法，也不会让你增加投资；如果你不执行，那就浪费了我的心思和精力，再好的点子也帮不了你，对不对？"我说。

"当然。"容老板有点疑惑地点头。

"第二个条件是:为了保证你能执行我的意见,作为对我的回报,你的理发店要为我提供一年的免费理发服务,我每个月至少到你店免费洗头理发一次。当然,如果我的点子一个月内没有效果,你可以拒绝为我提供服务,你看如何?"我看着他。

"好,就这么定了,说说你的点子吧。"他微笑着说。

"我教你几个方法,但是这几个方法必须按顺序去做。"我说。

"好的,明白。"容老板说。

"第一个主意,你要假装你的店生意很兴隆!"我说。

"假装,生意兴隆还能假装?"容老板打断了我。

"没错,要创造一种生意非常兴隆的氛围给顾客看,这样客户才能相信你店的技术、服务都是非常受欢迎的,他们才可能走进你的店。举例:一年前有一则新闻报道,说有几千苹果粉丝半夜四五点钟带着帐篷到苹果手机直销店排队购买苹果手机,你认为是真的吗?"我说。

"不知道,应该不是真的。"容老板说。

"在明星演唱会上,那些粉丝哭着喊着'华仔,我爱你'!还有跑到舞台上对明星强吻、强抱、强摸的粉丝,甚至还有兴奋过度粉丝晕倒的新闻报道,有几个报道是真的呢?"

"先不管它们是真是假,但这些炒作报道,只是想告诉人们一件事:这个产品很畅销,这个明星很受欢迎,对不对?"我继续说。

"我不是叫你去炒作,而是让你用成功去证明你的成功。你要先假装你已经很成功,然后利用羊群效应来吸引顾客。"

"我还是不明白,我该怎么做?"容老板更加困惑了。

"想想看,你店里的员工,没客人时,他们都在干吗?"我问。

"他们都在休息、聊天、玩手机、看电视,有时我们也出去派传单、做宣传、拉客户，但效果很差。"容老板说。

"这就是问题所在。如果有个客户想理发的，经过你店门口的时候，发现店里一个客人都没有，员工都在玩，没事情干，他会怎么想？"我问。

"对啊，这倒没想过！"容老板说。

"如果我是客户，我会想：这家店服务肯定很糟糕或技术肯定很差，要不然怎么会一个客人都没有？我还是去别家店吧。于是，你的客人就跑了。就像你肚子饿了去吃饭，看到有两家饭店，一家饭店有几个人在吃饭，另一家饭店一个客人都没有，你会选择哪家店吃饭？"我说。

"有道理，肯定是有客人的那家。"容老板说。

"客户见证就是最好的见证，所以你要做的第一件事就是让员工忙碌起来，闲的时候让他们扮演客户，让真正的客户看到你店的生意永远都是兴隆的。"我说。

"你是说，没有生意的时候，就让员工相互洗头、理发、护理，来吸引客户。"容老板说。

"对。但你不能跟员工说这是为了吸引顾客而做的事，而是告诉他们：在没有客人的情况下，学习和提升大家的技术。"我说。

"明白了，可是，这样还是不能吸引新顾客主动来我店消费啊！"容老板说。

"没错，所以我要给你出第二个主意。你刚才不是说，你会安排员工出去派宣传单嘛，你是怎么做的？"我问。

"派发一些到店里洗头、理发打 7.5 折之类的优惠券，不过效果很差。"他说。

"这些都是老把戏了，几乎所有的理发店都在干，对不对？很多人接到传单瞄一下就扔了，甚至都不接，对不对？"我说。

"对，没错，是这样的。"容老板说。

"因为你的优惠券吸引力太差，客户根本不屑一顾。我们可以改进一下，把优惠券改成'免费理发券'，上面写着'凭本券可以免费到"风尚"理发店享受价值 40 元的名师理发一次，由于本店接待能力有限，每天仅接待 50 名免费客户，本券一个月内有效'。"我说。

"那我不是亏大了吗？"容老板打断了我的话题。

"别急，听我说完，我们要赚的是后端钱，免费券的目的是抓住潜在客户。再说，反正要付员工工资，不如做一些免费活动，对不对？"我笑着说。

容老板更加困惑了，开始摇头。

"听我继续说，做好免费券后，就安排员工出去拼命地派发。派发后，大多数拿到免费券的人想上门享受免费的服务。接着，你要做的就是锁销，锁定销售。"我说。

"哦，锁销？您继续说。"容老板有些焦急。

"当客户拿着免费券上门享受免费服务的时候，一定要保证服务周到和热情，而且彻底免费，否则你会赶跑客人。"我说。

"在客人享受服务的过程中，让发型师、洗发妹主动了解客人的习性爱好，并把他记录下来，最重要的是要留下他们的手机号码、QQ 号码，怎么留呢？"我说。

"你可以教他们跟客人说：梁先生，我们店有一项'客户体验活动'，这项活动就是：老客户每年可免费享受一次尊贵的理发服务，你只要把你的电话、QQ 留给我们，我们每年都会电话通知你上门体验理发服务，你只要对我们的服务提出一些评价建议就可以了。"

"这样你就能轻易拿到客户的联络方式，只要客户踏进你的店门，留下他的联系方式，那么，利用承诺一致的原则，接着你就可以推出会员卡服务了。"

"接着，让店员跟客人说：梁先生，我们店还推出了一项会员服务，加入'风尚'会员，开通金牌会员卡，就可以享受充 200 元送 200 元的服务，这张会员卡可以跟你家人、朋友共同使用。"

"这种活动就像手机话费充值，充 100 元送 100 元，客人往往是很难拒绝的。如果遇到比较抠门的客人，可以推出年卡服务：梁先生，我们店还有一种年卡服务，只要 100 元就可以享受 12 次理发服务，相当于每次理发只要 8 元钱，一年可以节省 200 多元的理发费用，这张卡可以跟你家人、朋友共同使用。"

"这样，你就能锁住每一个客户，让新客户成为你的会员，他就能长期在你店里消费，这就是锁销。"我说。

"原来是这样，只要他们成为我的会员，我就可以向他们推荐洗头、护理、染发等服务。"容老板眼睛开始发出光芒。

"还有其他点子吗？一起说来听听。"容老板好像发现了一座宝藏。

"毛主席曾说过：要在战争中学习战争。我们要在创业中学习创业，在营销中学习营销，你先按我说的方法去做，遇到问题我们再探讨。"

2 周后，容老板把我约到他们店。他们店门口贴着一张大大的海报"高薪聘请发型师"，店里有 30 多名客户在等候理发，看来效果不错。他告诉我：这一周过来免费理发的有 1000 多人，有 400 多人开通了会员卡，仅锁销收入就有 6 万多元。

3 个月后，他又一次把我约到店里。那天我看到他店里有 20 多位客人在等候，我问他："这些都是免费客户吗？"

"不是，都是会员，我们现在的会员已经有 2000 多，每天上百人过来理发，月营业额有 20 多万元。可是，会员有些不满，因为经常要等候 1~2 小时才能轮到他们。有些顾客看到我们这儿人多，扭头就走了，有些年卡会员，甚至还要求退卡，所以把你请过来，该怎么办？"容老板说。

"原来是这样。你不能为理发而理发，要做的是营销工作，而营销工作的基本条件就是要站在客户的立场思考问题。"我说。

"如果你是客户，无聊的时候会做什么？"我问。

"可能会玩手机上网、看电影、玩电脑、看杂志或者玩游戏之类。"容老板说。

"这就对了，客户等候时很无聊，难道就不能为客户提供这些消遣服务吗？"我问。

"当然可以。"容老板高兴地说。

后来，他在店内安装了 5 台可以上网的电脑，还装了无线路由，客户可以在他店里无线上网；在这里，还可以看杂志、报纸和小说；他甚至还搬来两台游戏机，客人等候的时候可以在这里免费玩游戏机。据他说，有些老客户因为很享受这里的环境氛围，一周要到他店享受三四次洗头服务。

后来，他又推出一项电话预约服务，他给所有的会员发信息说：如果你要洗头、理发、做发型，只要一个电话，"风尚"就为你预留席位，轮到你的时候，我们立即电话通知你过来享受服务。

使用这些小小的营销技巧，让他的营业额 3 个月增长了 23 倍，成为该地区最火爆的一家理发店。

大约半年后，容老板再次把我请到"银座"餐厅，说："梁老师，我又出现新问题了，还得你指点一下？"

"哦，说来听听。"我说。

"第一个问题就是：我们的免费券现在被竞争对手复制了，他们也在用，且发展了不少会员；我们派发的免费券拉的客人越来越少，怎么办？第二个问题是：有些会员虽然充值，但已经两三个月没来店里消费了，我该怎么让他们过来消费？第三个问题是：有些会员的钱消费完了，没再继续充值，也没有过来继续消费，怎么让他们重新回到我的店里消费？"他说。

"好办，现在不需要派传单了，让客户转介绍。如果客户转介绍一个客户到你的店消费一次，就给他提供一次免费服务；如果介绍的客户现场开通会员卡，就为这个新客户提供一次免费服务，双管齐下，你看如何?"

"对啊，让他们转介绍，还可以送小礼品给他们!"容老板眼睛又露出了光芒。

"对，人都是趋利的，都喜欢占便宜，要学会变通。至于第二个问题嘛，我之前要求你把客户的联系方式留下来，建立一个客户数据库，这是有目的的。你可以通过邮件、手机短信随时跟客户沟通。我教给你三个信息沟通技巧：

"第一个技巧：要定期对客户名单进行检查，找出流失的客户，向这些客户发送群体短信。短信的内容是什么呢? 就说一句话：'因为你是我们的老客户，所以我们向您提供一次免费的理发服务。'这句话具有非常高的价值，能够立即挽回你流失的顾客。

"第二个技巧：每周定期地发出一些信息来提醒客户：'亲爱的朋友，根据我们数据库的记录，今天又到了您该理发的时间了，您作为我们的老顾客，我们会给您提供非常优质的服务。老朋友，本周您什么时候到我们的小店里，我们将提前为您预留席位，等待着您'。

"第三个技巧：要定期检查客户的消费记录，设定消费积分奖励，然后给客户发短信：'亲爱的朋友，非常感谢你对"风尚"的支持，根据我们数据库的消费记录，你的积分已经达350分，你的积分只要满400分就可以获得本店送出的价值50元的"×××精美礼品一份"（或者奖励免费头发护理一次，或者参加抽奖活动等），期待您的光临!'这样，就能促使顾客上门消费了。"

"梁老师，你太神了!"容老板兴奋地捶了一下桌子。

2年过去，容老板已经开了3家连锁店，两年来收入220多万元。

英国著名管理学家西蒙说，"管理就是决策"。可见，决策确实是各级各类管理者的首要工作。对于创业者来说，不是是否需要做出决策的问题，而是要努力让决策做得更好、更合理、更有效。

不同层次的决策，可以产生不同的影响，小则影响管理工作的效率，或企业的成败，大则关系到每位员工的生存，或给社会造成恶劣影响。因此，改进管理决策、提高决策水平，是解决企业危机应注意的重要问题之一。

在当今信息时代，要想成为商界精英，就要具备理解竞争、环境、组织和战略内涵的能力。企业管理是管理组织的方法，最终目标是培养价值观、提高管理能力、明确组织责任和完善管理体系。其中，管理体系是把所有级别和各个部门的战略、策略和业务决策联系到一起。

现在，创业者最重要的一个任务就是参与制定组织的战略，并为之献计献策。竞争优势是组织在市场中定位以获得优势的独特方式，这个优势往往能够体现组织是否有能力创造并保持高于行业平均利润率的可持续水平。

（一）管理决策的内涵和外延

在制定战略决策的过程中，管理决策主要涉及如下几个方面：

确定组织活动的范围，要在哪里开展业务？目标客户有哪些？要避开哪些竞争者？要强调价值链的哪些部分？哪些由自己做，哪些进行外包？

协调组织活动与环境，要找到一个创造令人满意的"合适"水平的战略。

匹配组织活动与资源潜能。要在赢得客户和创造利润的同时，在力所能及的范围内开展工作。

在整个组织层面酝酿变化，可能比较复杂，需要出色地执行战略。

对组织的重要资源进行合理配置和重新分配。要在使用资源时，找到发挥资源最大潜能的方法。

明确影响战略的价值、期望值和目标。创业者要了解正在发生的事情，清楚团队现在和未来发展的方向。

确定团队长期发展的方向。这个时期可能延续 5～10 年，甚至更长。时间的长短取决于影响产业的变化与竞争的性质。在这个过程中，管理决策可能会因决策者选择的时间及所承担的责任的不同而不同。

管理决策大体分成三类，即战略决策、战术决策和业务决策。

决策	说明
战略决策	战略决策具有重大的资源配置影响，给组织上上下下的决策确定基调，本质上比较少见，实际上不可改变，对组织在市场上的竞争力具有潜在的实质性影响。这些策略由企业高级管理者制定，将影响组织的经营方向
战术决策	战术决策不及战略决策的范围广，涉及组织政策的制定及执行。这些决策往往由中层管理者制定，常常会对营销、会计、生产、经营单位或产品产生重大影响，但对整个组织并不会产生任何影响。一般情况下，与战略决策相比，战术决策较少涉及资源
业务决策	业务决策是指支持组织运行所需要的日常决策，这些决策会在几天或几周内执行。业务决策由基层管理者制定

业务决策与战术决策、战略决策存在明显区别，业务决策的制定比较频繁，而且往往制定得比较仓促。战术决策、战略决策往往结构完整，一般会附带清楚明白的程序指南或者容易理解的参数。

（二）分析的目标是带来好的经营效果

找到一种方式来实现组织与其环境之间恰当的或协调的结合点，是创业者的重要任务，不仅要进行大量有效合理的分析，还要考虑到组织所处的竞争环境。

任何一位创业者都不可能把整个竞争领域了解得特别透彻，自然也就无法正确地制定所有的决策。在复杂、混乱的竞争环境中，创业者要进行战略性思考，提高对竞争领域的了解，这是企业发展并提高其分析能力的原因所在。因此，要想使企业经营取得成功，必须做好分析。

对竞争、环境、组织和战略进行分析，首先要做好以下几个方面的工作：对竞争环境中潜在的发展机遇或初露端倪的威胁做出预警，对组织的相对竞争地位进行客观且非短期的评估，使组织更快、更容易地适应环境的变化，及时了解组织的战略、营销、销售或产品规划，确信决策建立在系统了解的基础之上。

进行绩效分析，可以更好地了解企业所在的产业、所处的环境和竞争者，从而能够更好地进行决策。提高决策质量，有助于提高提供竞争优势的战略的质量，带来优于竞争者的绩效结果。

当然，任何分析结果都应该能够付诸实施，也就是说，要着眼于未来，能够帮助创业者更好地制定富有竞争优势的战略和战术。此外，分析结果也要使创业者能够比竞争者更好地了解竞争环境，认清现在和未来的形势。

二、防止合同陷阱

签订合同是企业经营活动的关键过程，从事企业活动，必然离不开合同的签订。

可是，如果不重视合同签订的法律风险或者草率、缺乏法律常识，一旦签订，就会给企业带来极大的法律风险，这些风险有时非常大，可能会造成巨大的经济损失甚至摧毁企业。初创企业的许多重大损失都源于此，有些损失甚至是由极为低级的错误所引发的。

法律风险不仅存在于企业发展的各个方面，还贯穿企业发展的始终。所以，初创企业早期就应该建立规避法律风险的制度和程序，及早发现法律隐患，并采取简单、有效、经济的方法予以避免。

重视合同的签订，对每条合同条款，真正做到"同"而后"合"是提高抗风险能力的有效措施，应引起足够重视。这里，我们就来列举几个常见的合同陷阱。

陷阱1：没有明确的验收标准。

2016年3月，一家管理咨询公司与一家科技开发公司签订了平台定制开发合同，合同中约定了开发的周期和服务费用。根据合同约定：管理咨询公司在合同签订之日向科技开发公司现金支付40%的首期开发费4万元，剩余40%的开发费在测试完成之日后3天内支付，尾款2万元在项目上线试运行1个月内支付。

双方约定开发周期为3个月，由科技开发公司将项目交付管理咨询公司。3个月后，科技开发公司将项目交付管理公司，但由于该项目存在诸多技术漏洞，无法正常使用。管理咨询公司多次向科技开发公司反映，要求指派技术人员上门测试、培训，但是被拒绝。经过多次协商无果，管理咨询公司将科技开发公司告上法庭，要求其退还支付的首期开发费用，并赔偿造成的经济损失6万元。没想到，科技开发公司提起反诉，请管理咨询公司支付剩余开发费6万元，并支付违约金。

该案争议的焦点在于，双方没有在合同中明确约定验收标准和后续服务费用的承担方式，公说公有理，婆说婆有理。最终，因为管理咨询公司在合同中对项目的验收标准没有明确具体的约定，其提起的诉讼请求被法院裁定驳回。

在司法实践中，如果对合同的核心条款，如验收标准、违约责任、服务周期、争议解决办法等没有明确约定，导致双方难以达成一致，即使一方向法院起诉，也无法获得法院的支持，只能打落牙齿往肚子里咽。

陷阱 2：签约主体没有签约资格。

2016 年，广州一家家具厂为某公司定制了一套办公家具，约定价格 18 万元。双方约定，签约当天公司向家具厂支付 3.6 万元的定金，剩余货款货到三天内支付。可是，家具送达之后，过了一个多月，货款依然没有到账。家具厂联系了公司，可是公司答复说：自己只是上海驻广州的一家办事处，不具备签约资格。家具厂只能与上海公司交涉，上海公司答复说：广州办事处不具备法人资格，没有权利代表上海公司签订合同，上海公司也没有授权广州办事处签订该协议。

在签订合同时，一定要审查对方有无签订合同的资格和授权文书，如公司的营业执照、税务登记证、机构代码证、商标证书、授权文书、省份证件等，并及时向发证机关进行网上和电话核实，如果对方是运营中心、分公司、办事处、联络处或接待处，是没有资格代表公司签订合同的，除非公司有明确的书面授权，否则如果主体不适合，即使签了合同，也会被确认为无效。

陷阱 3：合同缺乏专人管理，超过诉讼时效。

2015 年，一家公司与金刚石厂签订了工矿产品购销合同，约定金刚石厂向公司购买两台人造金刚石压机，总价 55 万元。金刚石厂支付了 11 万元货款，还欠 44 万元。2016 年公司诉至法院主张货款，却不能提供证据证实曾向金刚石厂主张过权利，最后法院判决驳回了某公司的诉讼请求。其未主张权利的原因就在于，没有专人管理合同，以致其在 1999 年改制后，无人对以前发生的业务进行清理，致使权利得不到法律保护。

在诉讼时效期限内，如果当事人不主张权利，就会失去胜诉权。有些企业负责人只管签合同，并不派专人去监督合同自签订至履行的整个过程，直到有些债权无法追回诉至法院时，才知道已经过了诉讼时效。

很多有着经济往来的企业存在三角债务，但只要二者还能继续交易或企业自身经济实力雄厚，彼此就不会开口要账。可是，一旦关系破裂或企业经营出现危机，需要资金周转时，就不得不去收账。这时，很多债权已经超过了诉讼时效，除非对方自愿偿还，否则即使通过法律途径也无法将钱要回来。

有些企业虽然设置专门的要账人员去负责收取债权，但多数情况下也只能无功而返。没有与债务人达成还债协议，诉讼时没有任何可以证明诉讼时效中断的证据，最后法院只能认为该债务已经超过诉讼时效，不予保护。

陷阱4：违约责任没有约定或约定不明确。

2016年，一家团购网站与一家科技公司签订合同，合同约定：团购网站为科技公司进行网络推广，推广期限为一年，推广费用30万元，科技公司在合同签订之日交付15万元，合同履行3个月后支付剩余推广费用15万元，如果一方违约要承担相应的违约责任。结果，科技公司交付15万元后，以种种理由拒绝支付剩余推广费用。

因协商不成，团购网站只好将科技公司告上了法庭。可是，由于双方在合同中没有明确约定违约方应该承担何种违约责任，法院驳回了他的违约金、同期银行存款利息和赔偿金等诉讼请求。

在合同履行过程中，合同双方应当对违约责任有个明确的约定，如果对违约责任没有约定或约定不明确，一旦一方向仲裁委员会申请仲裁或向有管辖权的法院提起诉讼，就无法维护自己的权益。所以，在合同中要明确约定：违约方应承担什么样的违约责任，应当承担的违约金、律师费、银行同期存款利息的金额及方式、标准等。

陷阱5：约定的仲裁机构或法院对自己不利。

2016年3月，一家教育科技公司与一家电子商务公司签订委托培训合同，电子商务公司在合同约定的付款期限没有付款，教育科技公司向法院提起诉讼，结果被法院以本院没有管辖权为由驳回起诉。原来，合同双方在争议解决条款里约定：如果双方发生纠纷，一方应当向被告住所地人民法院提起诉讼，而被告是昆明的公司，原告教育科技公司要想起诉，只能向电子商务公司住所地法院起诉。

由于被告电子商务公司的住所地在昆明，根据合同的约定，教育科技公司如果要起诉必须到被告住所地法院起诉。双方在合同中明确约定了有管辖权的法院，一旦双方进行诉讼，其他法院就没有管辖权。对于原告来说，往返昆明打官司要投入巨大的时间、精力和财力；而且，人生地不熟，加上地方保护主义，胜诉的难度很大。

陷阱 6：合同条款语意模糊，易产生歧义。

一家酒店在圣诞节前向一家葡萄酒公司订购了 20 箱葡萄酒，合同写明"甲方向乙方购买某某品牌葡萄酒 20 箱"。后来酒店收到 20 箱葡萄酒，每箱12 瓶，但在签订合同前，酒店一直认为该葡萄酒应该是每箱 24 瓶，而对此双方在合同中却并没有明确约定，酒店最终因货源短缺而错过了最佳销售时期。

合同是确定双方权利义务的最根本依据，企业在签订合同时，必须认真斟酌每一条款，详细说明可能发生争议的地方。可是，实践表明，企业更容易忽视合同内容的规范翔实，有时代表单位签订合同的人可能本身并不十分了解合同中标的物的性能、用途等相关指标，未经过技术人员或有关领导的审查，便轻易作出决定，而当合同履行发生争议时，从粗线条的合同条款中却无法找出对自己有利的依据。

陷阱 7：对企业印章的使用缺乏规范管理。

有家公司董事长为朋友帮忙以企业名义出具了一份购销合同，加盖了企业公章。之后，企业因拖欠货款被起诉。此时，他才发现那位朋友同时拿了企业已盖章的验收单，从合同相对方取走货物，该公司因没有证据证实其所述情况而承担了相应债务。

合同法规定，企业法定代表人的签名或盖章只要具备其一，合同便具有法律效力。一般法定代表人都会授权他人对企业印章进行管理，但往往印章的使用程序并不太严格，导致滥用印章的情况层出不穷。以印章所属企业的名义购买货物或为他人提供担保，有印章为证，最终企业不得不承担责任。

陷阱8：不及时收回授权，被授权人滥用权力。

有家制衣厂长期由员工小张负责向某布料厂订购制衣材料，之后小张因违反单位规定被辞退，但制衣厂并没有将这件事告诉布料厂，小张再次以制衣厂的名义订购了30匹布料，布料厂按照其要求将布料送往他处。事后，小张下落不明，布料厂诉至法院，法院最终判决由制衣厂负责偿还该货款。

企业经常会授权一些人代表自己对外签订合同，但往往未明确授权的范围和期限，对离职人员的授权凭证如盖有企业公章的空白合同书、介绍信等未及时收回，没有告诉交易伙伴本企业人员的变动情况，就容易导致一些已经丧失授权的人员仍然冒用原单位的名义与他人签订合同。交易对方在不知情的情况下，由于在长期交往过程中形成的信赖关系，仍然会相信其具有授权，最终由授权单位承担责任。

以上只是众多企业合同纠纷案例中的冰山一角，创业者在签订各种商务合同中，一定要擦亮眼睛，不能凭朋友义气，惹上麻烦再去救火，一切就晚了。一份完美的合同不仅是对守约方的保护，也是对违约方的惩罚，既有利于促进商业交易，也有利于社会安定。创业者要多长一个心眼，多点法律意识，防范风险于未然。

三、商业机密的保护

2016年5月，"老干妈"工作人员发现，本地另一家食品加工企业生产的一款产品与老干妈品牌同款产品相似度极高。该事件引起了老干妈公司的警觉，公司相关人员认为，此现象很可能存在重大商业机密的泄露。

2016 年 11 月 8 日，老干妈公司到贵阳市公安局南明分局经侦大队报案，称疑似公司重大商业机密遭到窃取。接到报案后，贵阳南明经侦大队高度重视。侦查人员从市场上购买了疑似窃取老干妈商业机密的另一品牌同类产品，将其送往司法鉴定中心，鉴定结果为：该产品含有"老干妈"牌同类产品制造技术中不为公众所知悉的技术信息。

经查，涉嫌窃取此类技术的企业从未涉足该领域，绝无此研发能力，老干妈公司也从未向任何一家企业或个人转让该类产品的制造技术。由此，可以断定，有人非法披露并使用了老干妈公司的商业机密。

经多方了解和仔细排查，侦查人员最终将注意力锁定到老干妈公司离职人员贾某身上。2003 年至 2015 年 4 月，贾某历任老干妈公司质量部技术员、工程师等职，掌握老干妈公司专有技术、生产工艺等核心机密信息。2015 年 11 月，贾某以假名做掩护在本地另一家食品加工企业任职，从事质量技术管理相关的工作。

涉嫌商业秘密泄露的案件中，大量的证据都是以电子文档的形式存在的，其证据一般是随身携带的。围绕这一线索，办案侦查员展开调查，依法搜查并扣押了贾某随身携带的移动硬盘及内含的电子证据资料，并在其台式电脑中发现大量涉及老干妈公司商业秘密的内部资料，这也印证了办案人员的判断。

贾某在其任职期间，与老干妈公司签订了"竞业限制与保密协议"，约定贾某在工作期间及离职后需保守公司的商业秘密，且不能从事业务类似及存在直接竞争关系的经营活动。自 2015 年 11 月，贾某将在老干妈公司掌握和知悉的商业机密用在另一家食品加工企业的生产经营中，并进行生产，企图逃避法律的约束和制裁。

在老干妈这个案例中，员工贾某离职后将老干妈的商业机密用在了其他企业的生产经营中，严重伤害了老干妈的利益。虽然通过法律途径，对该员工进行了制裁，可是商业机密已经泄露，已经对老干妈造成危害。由此可见，要想将企业的商业机密保护好，企业就要提高关注度，制定相应的策略。

（一）商业秘密泄露的五大途径

企业商业机密泄露的途径有：

1. 接触商业秘密的员工倒卖商业秘密

调查表明：公司商业秘密的安全挑战 80% 来自内部。中国国家信息安全测评中心的调查结果也表明，我国企业目前的信息安全问题，主要来自泄密和内部人员犯罪，而非病毒和外来黑客引起。可见，对于内部掌握或者接触企业商业秘密的核心人员的管理及法律意识的培训非常重要。

同时，多数商业机密"外泄"事件，是由于掌握机密的员工和企业高层关系不融洽、相互闹矛盾乃至对着干而引起的。因此，要想减少商业机密的外泄，就要处理好企业和员工的关系，提高员工的主人翁意识，尤其是能够接触到商业机密的员工。

2. 内部核心人员离职带走商业秘密

数据显示，近些年发生的商业秘密案件绝大多数是由离职员工引起的，因此企业应当高度重视员工离职，采取有效措施，防止商业秘密泄露。而对于离职人员的管理，笔者认为要做好以下四个方面的工作：①彻底、及时地清退资料，包括电脑、U 盘、软盘、光盘、工作文件、图纸、实验记录及数据、工作日记等；②做好离职谈话，摸清离职员工去向，同时敦促其履行保密义务；③对于不辞而别的职工，通过律师向其郑重寄送律师函，明确要求其承担保密义务或竞业限制义务；④做好离职后人员的离职监督。

3. 与企业有业务合作的客户泄露商业秘密

在对外业务的谈判过程中，或者在与各类客户的业务合作中，以及合作后的每个环节，企业都要做好客户管理工作，并适时签订与客户之间的商业秘密保护协议，并实现实时监督，发现侵权行为，及时制止。

4. 竞争对手公开收集信息，获取商业秘密

有家化妆品公司通过因特网刊登广告，不分地域招聘了 500 名应届毕业的市场营销或工商管理专业的大学本科生和 MBA，许诺优厚的待遇。结果，只有 500 个招聘职位，却有 10 万人应聘，为了更好地筛选人才，公司以三个人为一组，演练企业经营实战，以让人意想不到的突发性事件为场景，考察应聘者的应变能力。

由于应聘者众多，而招聘职位少，必然形成极为激烈的竞争场面。但大学应届毕业生通常没有丰富的实际工作经验，为了确保自己能够"过关"，很多人就向从事化妆品行业的父母或亲朋请教应对策略。而他们的父母、亲朋为了他们能谋得高薪的职位，也愿意将自己掌握的机密倾囊相授。

之后，这些学生在应变测试中表现突出，自然也没有逃过扮作"面试官"的企业情报收集人员的眼睛，招聘最后演变成集中收取"商业情报"的盛宴。

由此可见，竞争对手通过公开的信息收集的合法途径，也能获取企业商业秘密。对此，企业一定要引起注意，最好建立严格的信息审批规章制度和办事程序，如信息公布、报废产品、实验废品和产品的处理，展览、新闻和广告发布等，都要经过严密的信息处理和审批，以防无意中泄密。

5. 竞争对手安插间谍刺探情报

商业竞争中，反间谍意识是需要每家企业都具备的。如果必要，就要设立专职机构或专人防反。比如，什么样的信息可以公开，什么样的信息属于模糊信息，什么样的信息属于核心机密。对于不同等级的信息，要采取不同的防反手段；同时，还要对专职人员进行专门训练。

（二）创业者应如何保护自己的商业机密?

要想保护自己的商业机密，就要做到以下几点：

1. 分辨和了解投资者

首先，即使不要求投资者签署保密协议，也要分辨和了解投资者。投资圈鱼龙混杂，专业的投资机构一般都更在意自己的声誉，自然会做好商业秘密的保护，通过朋友介绍的投资者泄露商业秘密的概率更小。

最需要注意的是，若投资者已经投资了类似项目或同行竞争者，创业者可能不愿意将战略、模式、数据等敏感信息提供给友商，此时创业者应当更加谨慎，不要过早或轻易地披露敏感信息。信誉可靠的专业投资者在了解到你的业务可能与已经投过的项目存在竞争时，可能会提醒你这种竞争关系，让创业者自己选择是否披露保密信息和披露范围。

与投资者沟通的过程中，如果对方大谈特谈前几天面谈的另一个项目的商业秘密，就要多留一些心眼了，要保护好自己的商业机密。况且，在当今的信息时代，要想了解投资方声誉及其所投项目信息，已经不再困难，如果披露保密信息之前，创业者根本没有调研过投资者，也只能怪自己了。

2. 掌握披露信息的技巧

融资过程中，创业者披露项目信息的原则应该是：分享饼干而不是制作饼干的秘方。与投资者介绍产品和市场潜力，就如同与消费者或用户介绍产品和市场，但是当问到如何做的"秘方"时，创业者就要更加谨慎了，要尽可能地避免披露具有价值的技术信息。即使是为了充分展示而必须披露的情形，创业者也可以控制披露节奏。在创业早期要尽量粗线条，随着磋商的深入，再根据情况决定披露的深度和范围。

另一个非常值得警惕的是项目信息的传播。如今，网络和社群里漫天飞舞着各种信息，有些信息线条比较粗，而有些信息可能包含着公司的财务数据。通过电子和网络等方式分享公司信息时，一定要确保在自己转发的内容里没有重要的保密信息。

当然，创业者也可以考虑技术细节上的防范，如在比较敏感的材料上加上"保密"字样，在首页加上"仅仅提供给某某基金内部参考"及"请勿对外转发"等字样，使用 PDF 而不是 PPT 等可编辑格式，就能大大降低未经授权而被转发的概率。

3. 知道保密协议之外的保护方式

除了以保密协议的方式保护商业秘密外，创业者可以使用版权、专利权和商标权等各种知识产权保护方式：

（1）版权：对文学（包括软件）、音乐和艺术领域的原创性创造给予保护，版权保护通常是自动取得，不用登记。

（2）专利权：国家依法在一定时期内授予专利权人独占使用其发明创造的权利，需要申请注册专利并公开相关的技术和方案。

（3）商标权：指的是商标主管机关依法授予商标所有人对其注册商标受国家法律保护的专有权。

创业者可以与对口领域的专利代理人商议自己的创意是否能够申请专利，是否满足专利的实质性条件，也就是通常说的新颖性、创造性和实用性，并权衡专利保护和商业秘密保护的利弊。

除了知识产权保护方式，公司产品或服务的质量、快速的迭代升级，以及漂亮的业绩和快速成长，都可能成为预防抄袭和侵权的有效方式。总之，创业者不能因为担心泄密而将自己的创意和想法雪藏起来。

4. 建立保密文化

为了建立保密文化，可以从以下几个方面做起：

（1）招人时要细致考察员工的价值观，对知识产权非常漠视的人今后也可能泄露商业秘密。

（2）员工入职后要签订保密协议，和重要员工要签订竞业禁止协议。

（3）防止商业秘密泄露，最重要的是筛选出重要的信息进行分级，建立完备的文件管理系统。比如，保存关键涉密文件的计算机不联网，访问和拷贝文件需要权限；一般的涉密文件，在员工访问时会有提示，警示其注意保密；对员工发送邮件进行规范化管理，防止误发涉密文件；定期销毁涉密的纸质文件。

（4）为员工提供足够的物质激励和精神激励，使员工有强烈的归属感和自豪感。员工离职时，提供公平的补偿，好合好散，尽量做得有人情味一点。

泄露商业秘密，分为"有意"和"无意"的不同情况，前者主要依靠"硬件"上的措施去预防，使用各种加密技术措施；后者主要依靠"软件"上的措施去预防，通过警示教育和文件流程管理，使员工有保密意识，在公司里建立适度的保密文化。

四、制订危机管理计划

2016年4月5日，一位微博名字为"弯弯-2016"的女子在如家旗下的和颐酒店遭遇一名不明男子拖拽。事件曝光后，迅速在社交媒体上传播，成功刷屏。事件持续发酵，经过多次转发和助推，这一事件得到了包括酒店和警察在内所有人的重视，如家酒店集团官微在6日凌晨和8点发布了声明和事情进展。

如家酒店在6日12点发布了第三篇声明称："确保每一位入住宾客的安全与舒适，如家酒店集团责无旁贷。对于此事，再次向当事人和社会公众深深致歉！"可是，这封迟来的道歉信却没有得到人们的谅解，在超过3万的评论中几乎都是谴责声。直到 4 月 8 日确认犯罪嫌疑人已被抓获，事件才在一片争议中渐渐平息。

不过，值得一提的是，如家酒店在事发 60 个小时后举办了一场发布会，这场发布会让记者等待近 5 个小时，酒店新闻发言人只读了 5 分钟的手机版电子稿，之后匆匆结束，让酒店多年来建立的公关形象一落千丈。

这样冷漠的危机公关处理手段，以后还会有人去如家酒店吗？企业的良好形象是企业不可估量的无形资产，企业在花费了无数的金钱和时间建立了良好的社会形象后，更应自觉维护和努力强化。对于企业来说，无论是一般危机还是重大危机，都会造成较大的形象损失，大大降低企业在社会公众中的信誉度和忠诚度。

企业公关危机处理对企业的形象具有维护、恢复等作用。为了维护企业已有的良好形象，就应该妥善地处理好企业公关危机。

说到危机公关不及时的影响力，还有一个案例——兰蔻何韵诗合作事件。

2016 年 6 月 2 日，何韵诗在 facebook 上称自己将出席一个广受内地妹子们喜爱的化妆品品牌兰蔻的推广活动。消息一经发出，就引起了暴风式反应。原来何韵诗是台独分子，曾多次参与行动，并在闹剧中坚守街头阻挠警方清场，并曾表示"要与学生留守到最后"。于是，整个周末都被网友"抵制兰蔻"的声音强行刷屏，并开始公开声讨"兰蔻"品牌！

耐不住压力的兰蔻（中国）在官方微博上发表了一则声明，声称何韵诗不是兰蔻代言人，希望大家不要误会。这份解释很官方，很没有诚意，于是底下 4 万多条评论立场很一致，从现在开始抵制欧莱雅旗下包括兰蔻在内的所有产品……

事情演变得越来越糟，其股价下挫逾 2%，该事件导致欧莱雅集团至少蒸发了 25 亿欧元（约 185 亿元人民币）。耐不住压力的兰蔻 5 日两度发出声明，先是澄清何韵诗并非该品牌的香港代言人，接着于晚间在 facebook 上说：

兰蔻一直以来对每位支持者的感受与体验都极为重视，音乐会的初衷是为了打造一个快乐而轻松的互动活动；然而，鉴于可能出现危险因素，决定取消活动。对此事造成的不便，深表歉意。6日，何韵诗发表声明表示极度遗憾，活动取消。

兰蔻的公关灾难让品牌处于非常被动的局面，事情已经不可逆转，兰蔻现在没有任何机会能化解危机，只能等待事件被淡忘，如果再回应可能会越描越黑。

企业公关危机一旦发生，就会直接或间接地给企业和群众造成多方面的损失；尤其是某些重大突发性事件的出现，更是可能给企业和群众带来致命打击。如果能有效地控制各种危险因素的发展，妥善处理各种危机事件，就能使企业及公众的直接损失减少到最低限度，同时也可能使事后企业的经济及社会形象得以迅速恢复。

危机处理是危机管理的主要环节。一旦企业发生危机事件，危机处理就显得极为重要，因为它事关企业的生死存亡。因此，制订危机管理计划异常重要。

第一步：听取危机事件。

危机事件的发生一般都来得突然且来势汹汹，作为企业最高负责人，一定要保持冷静。因此，当危机事件发生时，企业负责人首先就要召集企业高层听取关于危机事件的报告，报告应由一线员工或亲历员工汇报，力求准确、全面、详尽、客观，不能对危机事件的重要细节隐而不报，且必须站在客观的立场进行报告。

多数时候汇报人在汇报时会有意无意地为自己或为公司开脱责任，隐瞒一些可能涉及自己或公司责任的事实或情节，从而影响对危机事件的全面正确评估。当最高负责人和高层人员听完汇报后，必须在最短的时间内对危机事件的发展趋势、可能给公司带来的影响和后果、公司能够和可以采取的应对措施以及对危机事件的处理方针、人员、资源保障等重大事情做出初步的评估和决策。

第二步：组建危机处理小组。

企业最高负责人对危机事件做出了初步的评估和决策后，接下来的工作便是成立危机处理小组。危机处理小组的职权应为处理危机事件的最高权力机构和协调机构，有权调动公司的所有资源，有权独立代表公司做出任何妥协或承诺或声明。

一般情况下，危机处理小组应由企业最高负责人担任小组组长。小组的其他成员，至少应包括：公司法律顾问、公关顾问、管理顾问、业务负责人、行政负责人、人力资源负责人和小组秘书及后勤人员。

危机处理小组在必要时可分为两个小组：核心小组和策应小组。核心小组主要由企业最高负责人、法律专家、公关专家、业务专家和谈判能手组成；策应小组由行政负责人、业务负责人、人力资源负责人和其他后勤人员组成。其中，核心小组的任务是执行谈判、交涉、决策和协调任务；而策应小组则是负责实施解决方案和提供后勤资源保障任务。

所有核心小组成员都必须具有如下一些基本的素质：头脑冷静、反应敏捷、意志坚强、大方自信、专业出色、善于沟通、思维全面、进退有度、客观公正、仪表端庄、精力充沛、身体健康。

第三步：制订危机处理计划。

危机小组成立后，首要的工作便是，根据现有的资料和情报及企业拥有或可支配的资源来制订危机处理计划。

计划必须体现出危机处理目标、程序、组织、人员及分工、后勤保障和行动时间表以及各个阶段要实现的目标；其中还须包括社会资源的调动和支配，费用控制和实施责任人及其目标。

计划制订完成并获通过后，就要由策应小组立即开始进行物质资源调配和准备，而核心小组成员则要立即奔赴危机事件现场，展开全面的危机处理行动。

第四步：有效进行危机处理。

核心小组在到达危机事件现场后，必须先进行事件的了解和核实，发现是否有与汇报不符之事实和情节。如果有，立即进行针对性的调整危机处理计划；如果没有，则按原计划进行。

危机处理根据危机事件的性质和情况不同，一般按如下方式进行处理：

如果危机事件尚未在媒体曝光，必须控制事件的影响，要在对事件进行充分调查了解的基础上，根据法律和公理，果断做出处理决定。在这一阶段，企业可以在合理合法的前提下，适当让步，用小利换取事件的快速处理，以免事态进一步恶化，影响到企业的声誉。同时需要注意的是，在该阶段的处理方案中，必须包括对危机事件另一方的保密责任和违约责任进行严格的规定，以防其事后反悔，从而导致我方被动。

如果危机事件已由媒体公开并已造成广泛影响，危机处理应将重点转到媒体公关上来。当然，对危机事件本身的处理也需尽快完成。对媒体的公关，主要方式是让媒体了解事实真相，引导其客观公正地报道和评价事件。如果事实真相对企业不利，危机处理小组就要表现出真诚的悔意和改正的决心，并强调该次事件的偶然性和企业的改正措施及时间表，以及企业承担责任的方式和范围，以取信于媒体和其受众。如果事实的真相对企业有利，危机处理小组必须充分利用媒体揭示事实真相，让媒体充分了解事件原委并引导其对事件本身进行客观的报道和评论，努力塑造企业的受害者形象，博取舆论的同情。

另外，危机处理小组在通过引导媒体进行事件报道的同时，还要对企业的经营状况、业绩、产品和服务的特色及企业文化等进行广泛宣传，让关注事件的受众更多地了解企业和认同企业。在必要的情况下，还可以对企业的发展战略和经营计划进行适当的介绍，或对与危机有关的企业产品或服务进行详细的介绍和说明，引起舆论的关注和兴趣。这就是所谓的利用危机，化危为机，将坏事变成好事。

第五步：汇报结果，总结经验。

危机事件解决方案的达成和实施，并不意味着危机处理的过程结束。

对企业来讲，最为重要的一个危机处理环节便是总结经验教训。这个环节之所以如此重要，是因为企业可以从这个环节中发现企业经营管理中存在的问题，同时有针对性地进行改进和提高。同时，企业还可以从中总结经验，并将之发扬光大。

在危机处理过程中，企业往往会发现一些平时未能发现的问题，特别是与引发危机事件有关的问题。这些问题中有些是偶然的，有些是制度性的，有的则是人为造成的。随着危机事件的处理，这些问题就会逐渐暴露出来，而且这些问题的暴露还会发现一些与之相关连的、与危机事件无关但也是很重要的问题。企业则可以通过对暴露出来的问题的分析，进行必要的改革和调整，从而避免企业犯更大的错误。

同样，在危机处理过程中，企业也会发现一些企业平时未能发现的长处，或未能发现的资源。这类发现有利于企业将这部分资源进行有效的利用，或将这部分长处进行强化，突出其重要性。除此之外，企业还可以通过危机处理来积累包括危机处理经验在内的各种经验，建立起一些平时没有机会建立起的社会关系资源，如媒体关系和政府关系或是与消费者的互信关系。一些更成功的危机处理还会通过危机处理来进行企业广泛的正面宣传，扩大企业的社会影响，提升企业的知名度和美誉度，从而积累企业的品牌资源。

五、化解资金危机

资金链的断裂往往能将一个企业推入绝境，如何处理这个问题，事关企业的生死存亡。

离开天猫后，谢文斌在 2013 年 10 月成立了蜜淘的前身 CN 海淘，并拿到了蔡文胜的 100 万元投资，2014 年 3 月产品正式上线。CN 海淘上线初期做的是海淘导购或代购模式，让海淘商家入驻，同时接入国外网上购物商场，并将运转公司、第三方支付等服务集成在后台，消费者自主完成购物环节。

在经历了海外代购 60% 退单率的重创后，2014 年 6 月蜜淘转型 B2C 自营海淘电商，通过特卖的方式，每天上线一个爆品。2014 年 7 月，蜜淘获得经纬创投的 500 万美元 A 轮投资；4 个月后，蜜淘又获得了祥峰投资等 3000 万美元的 B 轮投资，这是当时进口电商领域已披露的金额最大的一笔融资。可是，自 2015 年初开始，跨境电商的价格火热开打；在蜜芽、洋码头和阿里巴巴、京东等高打 "价格战" 后，蜜淘开始沉寂。

2015 年 9 月，蜜淘将传统 B2C 进行细分，开始战略收缩，提出韩国免税店概念，专注韩国商品，变得 "小而美"。但此时跨境电商竞争已经如火如荼，蜜淘网没有迎来 C 轮融资，资金链断裂已无法避免。

再加上，又遇到了资本寒冬，蜜淘在巨头的夹击之下步步溃败。

所谓资金链是现金—资产—现金（增值）的循环，它是指维系企业正常生产经营运转所需要的基本循环资金链条，是企业经营的过程。企业要维持运转，就必须保持这个循环不断安全、良性地运转。

资金链断裂，会给企业带来灭顶之灾。如果资金链不能保持良性循环，就会影响整个企业的生产经营，资金链断裂一定程度上反映了企业经营状况的局部裂变，对企业经营活动将产生严重的负面影响。

（一）资金安全管理在企业运营中的重要性

资金链断裂的影响必然具有传递性和广泛性的特点，资金链安全管理在企业运营中的重要性主要表现在以下几个方面：

（1）能够确保安全的、连续的现金流，能保证企业正常的经营活动。

（2）可以保证主链的资金充足，在每个循环后要有增值，能够实现企业经营的目的，确保利润最大化。

（3）为了保证整个资金循环的顺畅，不能在存货和应收款项上滞留过多资金，以免让企业的下一步活动缺少资金，循环不畅。

（4）资金链管理能否安全、高效运转，关乎企业的变现能力，关乎如何提高资金的周转率。

资金链安全管理是企业的生命线，对企业来说，它贯穿企业管理的始终。企业必须加强企业资金链管理，建立起与本企业相适应的资金链管理模式，实现资金持续的良性循环和周转，才能在目前日趋激烈的市场竞争条件下获得自己的领地，谋求进一步的发展。

（二）化解资金危机的方法

想创业，就必须要有一定的资金，哪怕是小投入的创业，也需要一定的活动资金，资金不足只会阻碍发展。在创业的初期，很多创业者存在资金短缺的情况，那么究竟怎样才能解决创业资金这一难题呢？

1. 自筹资金

这里的自筹资金可以是自己的存款，也可以找亲戚朋友借款。但是，在向亲戚朋友借款的同时要注意一些问题，如无论你向亲戚朋友借了多少钱，企业最大的股东还是你自己，这样你才能掌握主动权，以免在经营过程中受制于人，而失去了创业动力。

2. 合伙入股

合伙入股在当前经济形势下，仅靠一个人的力量，很难在市场上奋斗出一片天地。采用合伙入股的方式，不仅能解决资金短缺的问题，还能降低个人创业风险，达到资源整合的目的。但需要注意许多问题，在选择合伙人的时候也要特别小心。

3. 银行借贷

银行贷款是创业融资的"蓄水池"，有着较强的群众基础。但是，有很多人并不知道银行借贷的程序，有些人甚至还不敢向银行贷款，而失去了大好的商机。现在各大银行已经针对创业者出台了相应的贷款品种，为了让创业更加轻松，创业者在创业贷款的时候一定要选择正确的贷款品种。

4. 风险投资

所谓风险投资，就是对处于创建期和成长期的中小企业进行股权或债权投资，并参与企业管理，以获得较高的报酬。创业者在选择风险投资的时候一定要选择专业的机构，目前从事这种风险投资的金融机构已经有 47 家，一定要选一家信誉及权威都比较好的，如商业银行、信用社、证券公司等。投资都有一定的风险性，选择时一定要谨慎。

5. 争取政策扶持

作为国民经济中重要组成部分的中小企业，由于受到资金和规模的限制，经常会在企业发展过程中遇到各种困难。所以，我国各地政府每年都会拨出一些扶持资金，支持这些企业的正常发展。

6. 其他方式

当然，方式必须是合法的，如民间资本、创业融资宝、融资租赁等。如今，各类创业竞赛越来越热，如"挑战杯"中国大学生创业计划竞赛、CCTV"赢在中国"大赛、杭州市大学生创业大赛等，这些赛事对于获奖者均有较大的资助奖励。虽然参加创业竞赛获得资助的机会有限，但不妨一试。

只要资金这一基本的问题解决了，就能解决创业过程中很多的难关。当然也有钱解决不了的事情，需要创业者全面的综合素质，才能获得成功。

六、化解人事危机

在企业经营过程中，如果人力资源管理不善，很容易给企业造成重大不利影响。因此，在进行危机管理策划的时候，一定要重视人事危机的化解。

（一）人事危机表现

通常，企业的人事危机可能潜伏在企业人事管理的各个方面，主要有以下几种现象：

1. 公司骨干突然辞职

这类事件的发生，原因可能是多种多样的：既可能是对薪资不满，也可能是企业高管层内部沟通出现问题，又或者是企业正处于一个变革时期。

主要骨干突然辞职，往往会给企业造成重大的损失。一方面，企业很难在最短的时间里找到合适的接班人来承担辞职者的工作；另一方面，还会给他所带领的团队造成巨大的心理打击。突然失去将军的队伍，可能会变得军心涣散，人心惶惶；而更为严重的是，如果这位骨干人员正好负责的是销售工作，企业还可能因此失去大批重要客户，后果不堪设想。

2. 重要培训项目失败

培训是企业人力资源管理中非常重要的一个环节，设计得当的培训课程不仅可以完善员工的业务能力，还能提升员工的专业素质和职业精神。从员工的角度来看，培训还体现了企业对员工个人成长的重视。因此，培训工作对企业人力资源的维护和发展起到了重要的作用。

好的培训项目固然能发挥巨大的作用，安排和设计欠妥的培训课程却也会带来很大的负面效果。比如，过去，某家国有企业曾花费巨资投入了一个CRM 项目，希望借此提升企业的综合竞争能力。可是，虽然企业在 IT 建设方面力求完美，但最后项目实施下来效果依然不够理想，甚至有客户抱怨说企业的客户服务质量还不如 CRM 项目实施之前。为什么会出现这样事与愿违的情况？

经过一番反省和总结后，企业管理者终于明白，问题出在培训环节上。在培训过程中，企业既没有向员工清楚地阐明 CRM 项目对企业发展的重大意义，也没有向员工阐述客户管理的真正含义，只聘请了几个软件工程师就系统的使用方法和基本维护问题向员工作了介绍，员工虽然掌握了表面的应用方法，却忽略了 CRM 背后的客户管理实质，项目实施自然就会失败。

3. 薪资系统出现明显漏洞

经验告诉我们，一旦员工对自己的薪资待遇产生不满，就会直接导致员工对工作本身产生不满。不重视薪资系统建设的科学化、合理化和完善性，最常见的现象是：工作多年的老员工与新进员工的工资待遇相差无几，就会产生巨大的心理失落感。

由此可见，薪资在员工的心目中不仅代表着一种物质上的待遇，更体现了企业对员工工作价值、对企业长期贡献的肯定。所以，如果企业的薪资结构中存在明显漏洞，一旦被员工发觉，员工就会产生强烈的不公平感，这种认知会对员工的心理和团队的工作士气产生很大的冲击。

4. 员工流失严重

员工流失是企业的一种普遍现象，其负面影响不言而喻，如加大公司的培训成本、影响工作进度、无法提高工作绩效等。"员工流失"是企业人力资源管理的一个难题，其出现的主要原因有：员工对工资不满、企业工作氛围差、员工看不到希望等。

5. 员工出现罢工

从本质上来说，员工罢工是人事危机中比较极端和严重的一种。目前，在发展比较迅速的沿海城市，此类现象已经很少出现。但在内陆的一些企业中，依然存在这种现象。比如，有些企业老板缺乏基本的管理知识和技巧，为了谋得更多的超额利润，一味地要求工人加班加点，结果适得其反，工人自身利益得不到保障，无奈只能反抗。

事实证明，这种恶意剥削的行为通常都会得不偿失。罢工不仅给企业带来了直接的经济损失，还容易引起员工情绪上的波动，继而大大影响员工的工作态度。

（二）应付人事危机事件的原则

如何应对企业的人事危机呢？通常要遵守以下几个原则：

1. 理智一些

企业内一旦发生突发性的人事危机事件，无论是企业的高层管理者，还是 HR 部门人员，都应该时刻保持冷静、理智的头脑，千万不要盲目地追究责任，更不能严厉地批评事件相关者。在危机发生的第一时间，我们要做的是解决问题、克服困难，要将责任的追究和适当的惩罚都放到事后来解决。

从更深层次的角度来说，理智原则的背后则是企业对管理制度本身的尊重。如果企业在危机发生之前就已经建立起了完备的危机应对机制，并能在危机的处理过程中严格按制度办事，处理结果定然会比盲目地感情用事、胡乱批评要好得多。

正如人的身体一样，好的体质来源于经常性的锻炼和良好均衡的营养，企业素质的提高也需要经过长期的培养与锻炼。平时将基本功练好了，遇到危机的时候，就不会出现混乱，更不会手忙脚乱。

人力资源危机是每个创业者都不愿面对的事，但又不可避免，遇到类似的危机千万不要怨天尤人，要主动承担起管理的责任，诚恳地面对问题，找寻合适的办法，降低和转化危机。

2. 公平一些

一直以来，公平原则都是人力资源管理中重要的一条原则，主要包括：结果的公平、过程的公平和人际关系的公平。比如，薪资系统的漏洞问题可能会使员工产生强烈的不公平感，企业首先要对自己的薪资系统进行检查和反思，看看其中是否真的存在不合理之处。如果确实有明显漏洞，就要及时做出修正和更改，并将更改的依据和结果进行公开，消除当事人对薪资待遇不公平的误解。

但如果企业本身的薪资结构并没有重大的失误和漏洞，在企业不方便公开员工具体薪酬的情况下，企业的人力资源部门可以向员工就企业的薪资系统的结构、构建原理、薪资的计算依据进行公开和说明，如此，虽然结果的公平依然没有实现，但至少能让员工感受到过程的公平和公开。

再如，当企业处于变革时期或者经营危难时期时，领导层更要就企业当前的变革方向和变革内容、目前的运营状况和未来的发展方向问题向员工公开说明。如此，才会减少员工的胡乱猜疑，打破一些流言蜚语，才能向员工表现出企业对他们每个人的尊重和重视，从而鼓舞军心，激发士气。

3. 保证双赢

按照现代的公司理论来说，企业和员工的关系不仅是雇主和雇员的关系，还是一种合作伙伴关系。企业的长期生存和稳定发展依赖于每个员工的努力和支持，因此在处理人事危机事件中，企业也应该坚持双赢原则。

其实，如果公司能意识到大环境越来越糟糕，企业就能跟员工站在同一个立场上，同心协力地渡过难关。即使是确实要减薪，也不能采用强制执行的方式，应该尽可能地取得员工的谅解和支持。同时，作为对员工的补偿，企业还要答应员工：一旦企业的经营状况取得好转，就立刻给这些做出过"牺牲"的员工加薪，以弥补他们的损失。

4. 乐观一些

方法和制度固然重要，但很多时候，最终决定一件事情能否成功的往往是企业领导的态度。在企业的经营过程中，由于许多可以改变的或者无法改变的原因，可能会遭遇到人事危机，一旦发生这种情况，企业领导就要保持乐观的态度和精神，并将这种精神传递给所有的员工，让员工认识到：只要大家齐心协力，就能顺利渡过这个难关。

5. 事前预防

中国有个成语叫作"居安思危"，说的就是这个意思。在日常的经营管理中，很多企业管理者会将更多的注意力集中在提高市场份额、增加销售量、实施产品创新等问题上，而忽视了对企业的经营方向、组织制度的建设、员工的工作情绪等方面的反思，没有对可能发生的人事危机或经营危机做好思想上和行动上的准备，一旦发生危机，就会措手不及，因此一定要提前做好预防。

（三）企业应付人事危机事件的方法

为了应对人事危机，可以采用以下一些方法：

1. 确立一个接班人计划

由于各种各样的内部或外部原因，企业的核心管理者可能会突然提出辞职，在一些家族企业中，企业创业者甚至还可能由于身体健康的原因而不再适合担当最重要的职位。在这种情况下，接班人计划就会起到不可替代的作用。

其实，在我国的一些著名的家族企业中，企业创业者都非常重视接班人计划，如中国台湾地区的宏碁集团的前任主席施振荣先生曾经花费10年时间来培养企业接班人。施先生的这番苦心没有白费，三位接班人正式上任后的第一年，集团的营业总额比前一年上升了35%，使宏碁集团的基业得以延续并更加辉煌。

由此可见，具备良好预见能力和组织性的接班人计划是企业基业长青的有力保证。因此，要想解决人事危机，首先就要确立一个明确的接班人计划。

2. 进行积极、适时的沟通

一直以来，沟通都是经营管理中一个非常重要的主题，在人力资源管理的领域中更为关键。

良好的沟通过程不仅是一种信息的传递过程，更是一种情绪和情感上的互动过程，有时即使是管理者的只言片语，也能让员工重新树立起奋起的信心。当然，这种高质量的沟通，如果能在危机发生前得到贯彻、能够在企业的日常管理中得到很好的应用，定然能够大大降低企业人事危机发生的频率和强度。比如，给员工安排工作任务的时候，要跟下属多说一些；遇到问题的时候，要及时沟通；开会的时候，要让下属畅所欲言等。

3. 对员工进行试用和考察

实践中，很多企业都给新员工设定了试用期，但在实际管理中，真正将试用期的作用发挥出来的，却只是少数。企业似乎更看中招聘过程中的笔试和面试，只重视对员工的考核，忽略了实际工作中的观察和评估。

其实，在试用期内，公司有很多机会能观察到新员工真正的工作能力、工作态度和工作风格；而且，这些信息在短短的面试过程中也是很难体现出来的。通过若干个月的试用期，企业不但可以及时地淘汰掉那些不符合要求的员工，还能对新进员工的工作表现给出及时的反馈意见。这也是一种良好的精神鼓励的方式。

附　录

一、创业，你准备好了吗

虽然现在处于创业的高峰期，而且很多人已经取得了创业的成功，可是并不是每个人都适合创业，也并非每个创业者都能成功！对于初次创业者来说，要想取得创业的成功，就要具备必需的知识和能力，以及创业要求的品质。

（一）创业需要具备的知识

1. 写好创业策划书

创业策划书的撰写，不仅要突出要点、明确具体内容，还要掌握一定的书写规范和编写步骤，更要掌握具体的编写技巧和模板。

2. 创业商机的策划

创业的成功离不开商机的把握，因此要采用合适的方法找到商机，主动抓住市场机遇。

3. 创业项目和产品策划

在选择创业项目和产品的时候，第一要量力而行，第二要做自己熟悉的行业，第三要从小事做起，第四不要干热门，第五要做好产品策划。超过了自己的力量，从事自己不熟悉的行业，只盯着大项目，喜欢凑热闹……都会让自己的创业失败。

4. 创业前期系列策划

创业前期的策划主要的工作有：给产品或企业取一个好名字，设计一个优秀的徽标，准确定位目标市场，选好办公地址，选择合适的开业地点……这些都是前期策划的要点，忽视了任何一个方面，都会让自己的创业多走弯路。

5. 创业模式策划

不同的启动资金，可以选择不同的创业方式，找到真正适合自己的创业方式最重要。同时，还要选择适合自己的商业模式。

6. 创业团队策划

创业团队的策划，不仅需要掌握 5P 模型，还要知道团队最需要的东西，更要知道组建优秀团队的标准。只有建立一支优秀的团队，才能有力促进团队和企业的发展。

7. 创业发展战略策划

企业发展战略的选择，不仅需要关注重要的市场要素，还要懂得标新立异；不仅要关注用户，还要找到适合自己的战略。如此，企业的发展才能顺利一些。

8. 创业危机管理策划

危机意识，是每个创业企业都需要具备的。要想取得创业的成功，就要科学合理地决策、防止合同陷阱、做好企业机密的保护；同时，还要制订合理的危机管理计划，巧妙应对资金危机和人事危机。

（二）培养创业品质

创业能否成功，与创业者的素质有着极大的关系。根据我国的创业环境及众多成功案例，创业者要创业，应该重点锻炼自己以下几个方面的基本品质：

1. 创业意识

所谓创业意识，就是在创业实践活动中对人起动力作用的个体倾向，包括需要、动机、兴趣、思想、信念、人生观、价值观和世界观等心理成分。

在创业意识支配下，人的创业动机、创业兴趣、创业理想就能转化为一种精神，相信自己有能力开创未来的事业，认识到自己具有独立的人格，善于进行独立的选择，采取独立的行动，不受传统和世俗偏见的束缚及影响，在自己的努力和奋斗实践中增强能力，创建事业基础。这种创业意识、创业精神是创业者应具备的素质。

2. 创业品格

创业过程中充满困难、挫折甚至失败，这就要求创业者要具备顽强的意志和良好的品格。

第一，要培养优秀的人品，如豁达坦荡的胸襟、远见卓识的目光、诚实守信的人品、公平守法的行为等。

第二，要有坚强的意志，具备承担风险的精神和能力，以高度的责任感，从战略角度沉着稳健地应对创业过程中的各种风险。

第三，要有健康的身心。不仅要有健康的体魄，还要有包括自我意识、性格、气质、情感等心理构成要素。

第四，要富有团队精神。通过合作，要让创业团队更加具有凝聚力和战斗力，使团队中的每个成员都对创业负有责任感，有效协调个人目标与团队目标之间的关系，相互尊重，相互信任。

第五，要有合理的知识与能力，了解相关政策及有关法律；能够依法行事，用法律维护自己的合法权益；了解科学的经营管理知识和方法，提高管理水平；掌握与本行业相关的科学技术知识，依靠科技进步增强竞争能力；具备市场经济方面的知识，如财务会计、市场营销、企业管理等；具备一些有关社会生活、文学、艺术等方面的知识。

3. 提升创业能力

当今社会为创业提供了很多有利条件和机遇，但要想成为高素质的创业者，在创业之前首先就要重视知识的积累和技能的培养，调整好心态，掌握好学习方法，树立正确的价值观，充分利用现有条件，抓住机遇，大胆艰苦地进行尝试，勇于在实践中磨炼；更要正直、守信、有责任感，积极参加各种实践活动，培养自己的团队意识，加强意志锻炼，锻炼健康的体魄，培养敏锐的商业意识及自我实现欲和创新精神。

有了创业志向后，就要在树立崇高理想的基础上，和实际学习目标结合起来，不怕困难和挫折，不断提升自我。美国哲学家金·洛恩说过这么一句话："成功不是追求得来的，而是被改变后的自己主动吸引来的。"我们很难改变社会，只能通过让自己变得更杰出来赢得社会。时刻提醒自己应该做得更好，就能够改变自己，使自己得到更大的进步和提升。在锻炼和培养自己的创业才能时，要通过创业实践来增长才能，逐渐提高创业才能。

二、王双雄论"创业 VS 赚钱"

梁辉财老师邀请我分享一下我的创业心得，这是一个非常大的话题，一言难尽，所以我想从我那么多创业经验中，找出一条最重要的。就好像我要从一堆宝藏中，找出最亮的那颗"夜明珠"给你，那会是什么呢？

我想，那应该是下面我要给你分享的"关于 money"。

接下来我要分享的非常重要！你知道为什么很多人赚钱很累、你赚钱很累，为什么？

很简单：因为你老是天天盯着钱，所以你赚钱很累！

其实如果你真的看深一层，如果你能看到"钱的本质"，如果你能离钱远一点！那么赚钱就轻松了。钱的本质是什么？我已经多次讲过，你应该已经知道"钱只是价值的衡量标尺"，最早原始社会是没有钱的，后来为了方便价值的交换才有了钱！

所以你既然看到了钱的本质，那么你怎么样才能得到钱？

你应该专注的是：价值+信任。

有了价值和信任，自然钱就来了！这个能明白吗？

很简单，你要卖产品出去对吗？那你就要让客户相信你这里有客户需要的价值！然后客户就付钱了！

我再问你一个问题，信任是怎么产生的呢？

这里我先告诉你一个点，你和你的朋友之间是怎么产生信任的？其实很简单，比如你的某个朋友，你们刚认识的时候并不相熟，为什么你会慢慢地信任他？

因为他给你提供了价值，但没有要求回报。也许是你家里的事情、公司的事情，也许是你的私事，总之他帮助了你，但没有要求回报。然后信任就慢慢产生了！为了让你很容易理解，我发明了一句话，"价值带来信任、信任带来成交"！

所以这是很有意思的，当朋友为你提供了价值、而且是不求回报的提供，然后你就对他产生了信任。我们不去看里面太深的原理，我们只简单看一点：

为什么你会相信你的朋友？

因为你的朋友给你提供了价值，而且不求回报！

当然即使你的朋友要求你一点回报，比如他给你提供了 10 倍价值，然后你给了他 1 倍的回报，你也会信任他。所以这里面的核心你要知道，那就是 "价值才会带来信任"！

所以，你怎么才能使赚钱变得轻松？

你不应该天天盯着钱，你应该离钱远一点！你应该专注 "价值+信任"，更核心来讲，你应该专注 "价值"！

我经常说：焦点在哪里，哪里就会成长！（当你的焦点放在价值、信任上的时候，就会不断地成长，然后钱就长出来了。）

我们要给客户提供 10 倍的价值，然后要求 1 倍的回报，这是很自然的事情。事实上，当你给客户、用户提供 10 倍价值，然后你不要求回报，那 1 倍的回报也自然会来到你的身边！因为这是人的 "互惠心理" 决定的，这是人性规律，不以某人为转移！

所以你现在是不是清晰一点呢？你想要赚钱更轻松，就不应该天天盯着钱，而是应该盯着钱是怎么来的？是价值+信任带来的结果！

就比如有一次校长线下密训，有校长分享为什么报名校长？为什么那些没有见过我的人报名了校长？他都没有见过双雄老师，就已经收获了价值，也许是看了我的文章、学了我的课程、听了录音等很多免费价值。

然后这个过程中，他就对我慢慢产生了信任，而后就付钱了！你再回想一下你自己的经历，假如你也曾付钱给双雄老师，你是不是也有过这样的心理过程？所以说营销是价值的魔术，钱只是价值的衡量标尺。当你把价值做到位，然后信任就来了，钱就来了！

所以你就去不断地创造价值、提供价值，给到你的粉丝和你的用户！每天去做好 7 大存钱动作！不断地去存钱，存得多了，自然就能取钱！存 10 倍的钱、自然可以取1倍的钱！而且，你还得记住一点：你一定要提供客户想要的价值！

所以你要去研究，什么是对客户真正有用的价值，什么是客户不想要的。客户不想要垃圾，只想要他渴望的价值！而且——你通过什么方式去提供价值呢？你通过什么方式去存钱呢？

事实上，我告诉你：在移动互联网如此方便的今天，你能很好地把信息传递给你的用户，而且你的用户还会去主动帮你传播！所以今天，其实提供价值的方式和渠道非常多！比如我经常教校长的，你可以通过公众号、社群（微信群）、电子书、宝典、文章、音频、视频、公开课、个人辅导等方式去提供价值！而且你更应该注意的是——你的客户，他们喜欢的渠道是什么？他们常用的渠道是什么？

你在这些渠道上面全力以赴地去提供价值！这样就OK了、清晰了吗？

这是很有意思，也很有威力的！

所以当你做到了这些，你就能把客户需要的价值提供给客户！源源不断地存钱，每天都在存钱！

然后，你想要的钱，就来了！挡也挡不住！

人追钱两条腿追得累！钱追人四条腿挡不住！

我也经常跟弟子说，你们作为我的弟子，一定要去给中小企业、创业者，提供价值！大部分的中小企业、创业者，根本不懂营销，你跟他们讲多米诺、吸粉引流、存钱动作，他们都不懂！

他们还是在原始的营销阶段，就是摸着石头过河，就是看邻居怎么做，就粗暴地模仿一下。所以都活得很痛苦，赚钱赚得又少又累，他们不懂得怎么去把握客户的心理，也不懂AITDA，所以当你真正去帮助他们，他们会非常感谢你！当你真正让他们每天能很好地吸粉引流，每天能成交很多单，团队也能不断复制成果，他们会眼泪汪汪地感恩你！

如果你有自己的项目、团队，那么你更要去帮助你的团队成长，让你的好产品可以通过营销传递到千家万户。

OK，就先分享到这里，如果你正在创业，或者你想创业，你一定要搞懂 "钱的本质"，因为创业围绕的核心就是 "金钱+理想"，希望这段短暂的分享，能够让你看到一个充满美丽色彩的未来！

众筹者简介

曾少彬

微信号：YU_ 6162

广东清远人，微远商学院核心校长、微远商学院核心导师、王双雄关门弟子、微商心态打造教父、彬式教练技术创始人、老牛战队创始人，拥有 6 年互联网营销经验，被称为培训界的阿甘，掌握大量的微商成交秘诀，实现日收入 1.7 万元以上的纪录，目前拥有认知粉丝 2 万以上。

认识 Terry Sir 一年多，彼此成为亦师亦友的好朋友，我在 Terry Sir 身上学习到了很多做人做事的宝贵经验，而且他经常支持和帮助我。感谢 Terry Sir 一直以来对我的关注和支持！希望 Terry Sir 事业更成功！家庭更幸福美满！

高显昌

微信号：easonkou

高显昌，颂安中医综合诊所创办人，现为颂安中医综合诊所主治中医师。于澳门科大修读中药学期间，曾到江苏地区及广东地区进修实习（包括常州中医院、南京中医院、西安市中医院、中山市新中医院及江门中医院等大型医院），亦向江苏省常州市中医院推拿科科室主任陈剑俊及常州市名医拜师学医，尽得名师手法和临床的经验，对于肩颈腰腿痛有独特心得，临床也取得明显的效果。

从医以来，不断进行学习和研究，临床总结都市人的常见疾病，积极在针灸和推拿整复领域寻找突破点，擅长肩颈腰腿痛的治疗，还展开相关内科病、妇科病等中医特色治疗，在推拿上更发扬了"舒张指柔法"，采用"舒张指柔法"治疗都市人常见疾病并有突出的疗效；此外，"整脊法"在治疗颈痛、高低肩、胸椎侧弯、腰椎间盘突出症等方面独具特色。

吴嘉慧

微信号：ericang422

Inbox853 格仔店创办人，起源于卢九附近的一间小店，原本是一间寄卖服饰的店铺，后来因为经营不太好于是转营为格仔店，目前 Inbox853 格仔店在澳门设有两间门店，主要经营格仔店，淘宝代购，网店交收业务，店面有一定人流，十分兴旺。

观开宇

皮肤科修复教练、中小企业教练、个人成长教练。曾患 20 年严重皮肤病，一直未能好好活出精彩的自己，直至找到一套天然的自愈方法，才真正康复。从严重皮肤病康复后，把所有的顽疾都一并治好，今天，承诺帮助每一位渴望身心健康的朋友重获健康人生的秘诀。过去 2 年，已经帮助超过 150 名皮肤病患者重燃生命的希望，重新享受美好的人生。

认识梁辉财（Terry Sir）多年，与财哥亦师亦友，在他身上学习到很多做人做事以及做生意的宝贵实战经验！在财哥的引导下，找到企业教练的人生定位去发挥自己的专长！现在与财哥一起推广他的全网营销给中小企业，也成为他的助教，合力支持各弟子在创业路上早日成功。

黄德来

微信号：Timwkng

黄德来生于澳门，父亲是缅甸华侨，母亲是印度尼西亚华侨，曾从事八九年的公务员生涯，2013 年 9 月底第一次到缅甸参加 "世界缅侨同侨大会"，缅甸当时是落后国家，生活十分朴素，他对缅甸感觉如回乡一样，有很浓厚的家乡味。当他回澳后，做了重大决定，2014 年 2 月初，辞离高薪厚职的公务员，投身商界及社团工作，为社会服务。

他的事业是从零开始，起初是把缅甸的人力资源（工种如家佣、餐厅、保安）输送到澳门的外劳市场，后来发现很多缅甸人不会中文（普通话及粤语话），只会简单英文，教育水平相对比较差，他决定在缅甸仰光开设粤语教学中心，希望可以提升缅甸人的语言能力，增强自身的竞争力，以更容易投入澳门的外劳市场。

他于 2015 年成立了中缅投资企业顾问有限公司，协助一些中资企业到缅甸考察，在缅甸开设厂房，投资酒店及房地产。2016 年他也成功协助澳门商家引进还原水设备技术到缅甸仰光，提升当地人民饮用水，改善生活质量。另外，还成功协助澳门商家引进生物电技术到缅甸仰光，提升当地人民的医疗，解决日常生活上遇到的常见疾病（头、肩、颈、腰、手脚病症）。

到 2017 年初，他发现缅甸正处于经济改革开放，仰光市中心的地皮昂贵，但市中心以外的开发地段相对较低，故成立房地产开发公司，与缅甸当地人合作，成功把澳门投资者带到缅甸考察，大家一起开发，协助当地的区民发展，望能做出一些贡献。他一直履行澳门缅甸友好协会宗旨，促进及巩固中国澳门地区与缅甸之间的友谊，推动中国大陆、中国澳门、缅甸之间的经贸发展及文化交流。

Ada 唐娴金

微信号：Adatonghankam

唐娴金，专业营养师，于 10 年前因骨质疏松及骨折失去了工作能力成为家庭的负担，严重影响个人心理，以及严重失眠，没有自信。2010 年通过朋友认识美国 Modere 这种矿物质微量元及维生素，一支含有人体需要的 83 种营养，通过饮用美事多矿物质微量元素及维生素一段时间身体开始恢复，我非常感恩，因为我本人从事保健行业超过 25 年，单靠保健知识并不够全面，我决定修读营养师、专业架构营养、公共营养、病理学及儿童营养 4 个课程，现在进修网页顶层设计及营销，希望能够把学到的知识回馈社会，Modere 公司理念是希望能够帮助 3000 万个健康家庭预防疾病，一个人去帮人是有限的，我们成立了澳门矿物质团队！诚意邀请大家加入澳门矿物质团队，实现帮助 3000 万个健康家庭的目标，帮助市民减少疾病及减少医疗开支！人人健康个个长寿！共聚天伦！加盟热线：62331942！非常感恩我的恩师梁辉财老师！

谢明霖

微信号：Vincent_ 1668

我叫谢明霖，现年 34 岁，毕业于澳门理工大学，是一名土生土长的澳门人。虽然已过三十岁的门槛，但我仍旧充满梦想与活力。2004 年大学毕业后的 8 年时间，我一直在行政单位工作，虽然工作稳定，收入不薄，但这样的工作对我而言却少了一份拼搏与奋斗意味。2012 年我放弃了别人眼中"铁饭碗"的工作，开始投身于理财策划行业，经过了 5 年的打拼，我也成功获得了宏利金融人寿有限公司分组经理的职位，荣获了许多的奖项，虽然取得了一些成绩，但我也时常检讨自己的不足之处，力求让自己取得更大的提升。在过往的 5 年时间，我服务的家庭超过 300 个，本着"想人之所想，急人之所急"的服务理念，我总能与客户保持亲密的朋友关系，因为友善的服务态度，我也获得了客户们的一致认可与好评。在工作忙碌之余，我亦不断读书学习，现在修读香港公开大学的金融课程，力求有更大的提升空间，在此，亦感谢 Terry Sir 邀请成为联合发起人之一，让大家认识到我。

YOKO CHAN

微信号：Muimuifans

本人有 7 年美容工作经验，其间不断进修国际美容师、国际纹绣师、美甲、美睫等项目，希望为顾客提供最好的服务，而本人的强项更是专业，经过多年经验及不断钻研，练出独门手技，顾客常称赞我为"针消专家"！

现进修 Terry Sir 的商业思维，希望能让自己建立的美容院帮到更多的暗疮顾客，或有草莓鼻的顾客们！在此亦感激 Terry Sir 对我的栽培！

何胜根

微信号：Ben66625197

水博士国际银行，从 2003 年澳门出现咸水时期入行，在新视电器行任工程部主管，负责冷气水电工程和净水设施工程。在 2007 年成立胜和电器澳门有限公司，主营业务为冷气水电工程和净水设施工程，在 2016 年成立水博士国际有限公司，主要业务包括水机、滤水器等净水设备销售和服务，致力于提升澳门饮用水的水质。

　　在 2014~2017 年亲身研究水质对身体状况的影响，研究发现还原水对改善身体健康有显著的帮助，在 2017 年 3 次将健康饮用水带到缅甸，协助改善当地居民和企业提升饮用水水质，也实地走访当地净水的设备企业了解发展当中的问题。

　　2017 年走访中国长寿之乡广西巴马，实地考察当地泉眼水质和大型水厂的设施设备，提升专业知识。从事相关工作 20 多年，致力于改善人类生活的饮用水质。水博士的口号：水中博士，健康之选。

朱广耀

微信号：davidchu002

　　柠檬树信息科技有限公司是一个小而富有弹性的开发和设计 IT 项目的工作室，将核心技术转化成具有竞争力的商业产品，经营业务为云端商业管理系统开发。作为一家本地应用软件供货商，当前主要业务为开发具有自主版权和知识产权的云端商业进销存管理系统——Lemon Tree System，并基于产品进行应用开发及推广，将 Lemon Tree System 软件建设成一个本澳中小商户易于应用的商业管理系统。

如果你想提升业务流程，而且需要软件去协助，但外面的软件或 IT 公司可能会收你一个昂贵的费用，或者在技术咨询上满足不了你的需求，而我们就能为你打造企业的云端平台，只要合理的年费，我们就可以为你定制符合你业务流程的系统，并且由技术人员直接解答你的疑惑，助你轻松管理业务及提升工作效率。

王欣

微信号：wxid_ oyvn61c1yxm122

工商管理硕士，国际专业培训师、美国注册 NLP 执行师、职业经理人协会秘书长，具有十几年行政、财务、人力资源及客户服务工作经验。求学时期有"学霸"的称号，曾获由社会文化司司长颁授的"终身学习楷模"奖项。曾任职于社团、政府部门、世界 500 强企业及多家跨国公司，曾为学校、政府机关、博彩娱乐公司等几家大型企业制定和开展培训课程，为公司商业治理的实战顾问。

胡丽容

微信号：apple_ wu_ 1024

　　胡丽容，出生于中国澳门，保险理财策划顾问，为人们提供免费的保险咨询，帮助有需要的人，亦是小萌希奥尿片的一级代理，为婴儿提供优质的尿片，防止婴儿尿布疹和红屁股的问题。本人认识 Terry Sir 半年左右，Terry Sir 令我学习到了很多做人做事的态度，令我点燃希望和目标，感谢 Terry Sir 一直以来对我的提点和教导！衷心希望 Terry Sir 事业越来越好，越来越成功！

曹鹏

微信号：caopeng6798

中国澳门今日传媒创办人，湖湘网澳门区总经理。专注本地自媒体、各矩阵公众号，服务湖南及中国澳门地区共计70余万粉丝。提供澳门商务休闲娱乐等本地资讯，为内地及澳门双向进入当地市场提供资讯服务平台。管理澳门人气公众号——濠江网。

赵勇

微信号：ChioSir

中国澳门注册持牌工程师，早年担任助理工程师、工程师及公职工作，其后察觉到澳门居民对室内设计、家居装潢的需求，创办御匠空间设计有限公司。

御匠一直致力于提供合理的住宅空间规划设计、装修方案，贴心了解客户每一个细微需要，度身定做橱柜、衣柜、组合柜等家具，住宅室内灯光布局，卫浴设备等一应俱全；并设有"一站式"办理商铺的装修工程、牌照申请等服务。

同时御匠亦大力推动"把健康的空间带来澳门"，从世界各地引进多种有益人体健康、对环境无害的新颖建材及先进装潢技术，务求带来更多、更新、更健康的选择给广大澳门居民及他们的家人。

御匠团队由富有经验的室内设计师、土木工程师等组成，每位成员都非常专业而且各司其职，与时俱进，不断学习。务求充分利用每一寸的空间，严选建材原料，配合整体的家具布置，打造一个温暖而优雅的居住、工作、休闲空间，并以此为己任。

后　记

首先，感谢每一位购买此书的读者，希望你看完这本书后，能够了解创业成功的关键与注意事项。记住，如果此书的案例能帮到你，有结果的时候要跟梁老师分享。我的微信号：63907154（暗号"读者"），我会发个红包给你。

此书能够顺利完成，要谢谢联合著作者王俊光先生和支持此书的众多联合发起人。同时也谢谢我的出书助手沈嘉琪和编辑李昊轩。此书是我用众筹方式出的第二本书，如果你想了解如何众筹，可以在淘宝、京东、亚马逊上买我第一本书《微信创富》。

其实还有很多需要感谢的人，包括经济管理出版社、编辑、设计、快递，还有我的家人和朋友们，在此一并谢过。此书只有一个目的：帮助每位有意创业的青年朋友们，从创业计划书到创业注意事项有所启发。若有缘，我们下一本书再见！

梁辉财
写于澳门